COLLECTION

DE

M. FITZHENRY

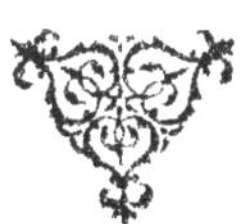

COLLECTION

DE

M. FITZHENRY

CONDITIONS DE LA VENTE

Elle sera faite au comptant.

Les adjudicataires paieront *dix pour cent* en sus des enchères.

L'Exposition mettant le public à même de se rendre compte de l'état et de la nature des objets, aucune réclamation ne sera admise une fois l'adjudication prononcée.

Paris. — Imp. Georges Petit — [illegible]

CATALOGUE

DES

Porcelaines Tendres

ANCIENNES

FRANÇAISES & ÉTRANGÈRES

DE

Chantilly, Mennecy
Saint-Cloud, Sèvres, Vincennes, Buen-Retiro
Capo di Monte, Tournai, etc.

COMPOSANT LA

Collection de M. FITZHENRY

ET DONT LA VENTE AURA LIEU A PARIS

HOTEL DROUOT, Salles Nos 7 et 8

Les Lundi 13, Mardi 14, Mercredi 15 et Jeudi 16 Décembre 1909

à 2 heures

COMMISSAIRE-PRISEUR

Me F. LAIR-DUBREUIL, rue Favart, 6

EXPERTS

M. CAILLOT
52, rue de la Victoire, 52

M. LION
46, rue Laffitte, 46

EXPOSITIONS

PARTICULIÈRE : *Le Samedi 11 Décemère 1909, de 1 h. 1/2 à 6 heures*
PUBLIQUE : *Le Dimanche 12 Décembre 1909, de 1 h. 1/2 à 6 heures*

Entrée par la rue Grange Batelière

ORDRE DES VACATIONS

Le Lundi 13 Décembre 1909.

	Nos
Porcelaines de Chantilly	1 à 20
Porcelaines de Mennecy	55 à 84
Porcelaines de Saint-Cloud	156 à 175
Porcelaines de Sèvres	211 à 240

Le Mardi 14 Décembre 1909.

Porcelaines de Chantilly	21 à 54
Porcelaines de Mennecy	85 à 119
Porcelaines de Saint-Cloud	176 à 190
Porcelaines de Sèvres	241 à 256

Le Mercredi 15 Décembre 1909.

Porcelaines de Mennecy	120 à 139
Porcelaines de Saint-Cloud	191 à 210
Porcelaines de Vincennes.	277 à 292
Boîtes, Étuis et Pommes de canne	310 à 339
Porcelaines françaises diverses.	357 à 363

Le Jeudi 16 Décembre 1909.

Porcelaines de Mennecy	140 à 155
Porcelaines de Sèvres	257 à 276
Porcelaines de Vincennes	293 à 309
Boîtes, Étuis et Pommes de cannes.	340 à 356
Porcelaines étrangères diverses	364 à 393

PRÉFACE

Il y a quelques années, un collectionneur des plus avertis et des plus délicats, M. G. de M..., inscrivait cette phrase dans ses dernières volontés : « Je veux que toute ma collection passe en vente publique, afin que ces pièces aimées donnent aux amateurs, qui pourront les acquérir, les mêmes jouissances qu'elles m'ont procurées en venant prendre place dans mes vitrines. »

La collection que MM. les experts Caillot et A. Lion présentent aujourd'hui au public, et qui va être dispersée, est aussi de celles qui peuvent procurer de vives jouissances à ses acquéreurs.

Amateur éclectique et amoureux du beau, son propriétaire, M. Fitzhenry, rechercha tous les styles anciens et tous les genres; mais nous n'avons aujourd'hui devant nous qu'une partie de ses porcelaines françaises.

Dans ses longs et fréquents séjours à Paris, il poursuivait sans relâche ces objets pour lesquels il s'était pris de passion.

Combien de fois nous est-il arrivé de nous hâter pour voir une pièce signalée; mais Fitzhenry était déjà passé par là.

elle était enlevée. Une belle vente était-elle annoncée; vite, il traversait le détroit, et on le trouvait à l'Hôtel Drouot, au premier rang, poussant les enchères, y apportant son humour, et là, comme ailleurs, plein d'entrain.

C'est ainsi qu'il constitua une des plus jolies réunions de porcelaines tendres françaises.

Ses acquisitions partaient pour Londres, et, très répandu dans le monde amateur, il y fit école. En effet, si le Sèvres était connu par les belles collections qui se sont formées en Angleterre lors de la Révolution, à la fin du XVIIIe siècle, et ensuite par l'admirable ensemble que Sir Richard Wallace a su réunir à Manchester Square, nos petites manufactures étaient ignorées, ou peu s'en fallait, par nos voisins. Fitzhenry, qui en avait pris le goût chez nous, les révéla à ses compatriotes.

Dans son amusante petite maison de Queen Anne's Gate, ses amis mangent dans du Chantilly, prennent le thé ou le café dans du Saint-Cloud; les couverts, les bibelots de table et le surtout, sont d'argenterie anglaise ou irlandaise. Il fut donc un précurseur de l'entente cordiale, mais il fit de la diplomatie artistique et amicale.

Dans son home, *les vitrines regorgeant de porcelaine françaises, il dut demander pour elles l'hospitalité au South Kensington Museum, puis à Paris, au Musée de l'Union centrale des Arts décoratifs. Il sut faire un départ intelligent entre ces deux musées. A Londres, les pièces qui peuvent initier les novices à notre art français; à Paris, les pièces documentaires qui frappent le connaisseur déjà plus éduqué.*

Nous ne reverrons pas chez nous les premières, elles sont offertes à ce beau musée Victoria and Albert, nouvellement édifié; mais celles devant lesquelles les curieux de l'art céramique ont passé, au pavillon de Marsan, de bonnes heures à étudier et à se réjouir les yeux, vont aller enrichir de nouvelles collections.

M. Fitzhenry ne fut pas généreux seulement pour sa patrie, il a fait la part fort belle à la France. Nous lui devons plusieurs vitrines, et non des moins intéressantes, au Musée des Arts décoratifs. Celle des moutardiers français, plusieurs de porcelaines anglaises, de nombreuses pièces de porcelaines de Saint-Cloud et de faïences fines anglaises ou françaises.

Malgré ces dons quasi royaux, il craignait sans doute que son nom ne soit pas encore suffisamment inscrit dans nos galeries, car, en les quittant, il nous donne un cabaret de Saint-Cloud d'un grand intérêt, et le fameux groupe en porcelaine tendre, chef-d'œuvre de Falconet : le Pygmalion. *Nous lui devons donc de nouveaux mercis.*

Mon ami Fitzhenry m'avait prié de présenter au public sa collection parisienne. Je me demande en vérité pourquoi.

J'ai dû quand même céder à son désir très flatteur. Mais que puis-je ajouter à l'en tête de ce catalogue : Collection Fitzhenry. *Cela dit tout.*

Elle est si connue que la désignation détaillée des experts ne fera que confirmer, dans leur opinion, les amateurs qui certainement ont déjà fait leur choix. Je n'ai plus qu'à leur céder la parole.

Comte X. DE CHAVAGNAC

DÉSIGNATION

ANCIENNES PORCELAINES TENDRES DE CHANTILLY

1 — **Chantilly**. Coquetier avec godrons en relief et pied lobé, décor bleu à l'épi et hachures. Marque au cor de chasse en bleu.

Haut., 80 millim.

2 — **Chantilly**. Plateau d'huilier sur quatre pieds, avec des récipients ajourés, décor bleu de branchages de fleurs, filets et hachures. Marque au cor de chasse en bleu.

Haut., 95 millim.; long., 285 millim.

3 — **Chantilly**. Assiette à bords lobés, décor bleu d'un gros œillet au centre et d'un semis de bouquets de fleurs.

Vente du Comte d'Yanville (nº 15).

4 — **Chantilly**. Théière couverte, formée d'un tronc d'arbre, décor bleu, rouge et vert de grands branchages de fleurs de pêcher, dans le goût des porcelaines coréennes.

Haut., 200 millim.; larg., 165 millim.

5 — **Chantilly**. Assiette à bords contournés, décor camaïeu bleu d'un rinceau de fleurs, feuillages au marli ; le fond est couvert d'un semis de fleurs.

Collection du Comte d'Yanville.

6 — **Chantilly**. Deux couteaux avec manche en porcelaine, décor polychrome de personnages, oiseaux et arbustes.

7 — **Chantilly**. Drageoir avec son couvercle, en forme de feuille, décor en relief, vert et rouge, de branchages de fleurs et feuillages.

Haut., 85 millim. ; long., 120 millim.

8 — **Chantilly**. Pot à pommade couvert, décoré en polychrome d'habitations chinoises, arbustes et ornements divers. Marque au cor de chasse rouge.

Haut., 88 millim. ; diam., 65 millim.

9 — **Chantilly**. Deux petits vases ovoïdes, avec leurs couvercles, décor polychrome composé, sur une face, d'un bouquet de fleurs, et, sur l'autre, inscription pharmaceutique contenue dans un cartouche de fleurs et feuillages. Marque au cor de chasse en rouge.

Haut., 125 millim. ; diam., 82 millim.

10 — **Chantilly**. Petite caisse carrée, décor polychrome de branchages fleuris. Monture bronze doré.

Haut., 120 millim. ; larg., 85 millim.

11 — **Chantilly**. Deux petites figurines de personnages chinois accroupis, portant une coquille sur les genoux, formant vide-poche, décor vert, jaune et manganèse.

Haut., 95 millim.

288 18 53

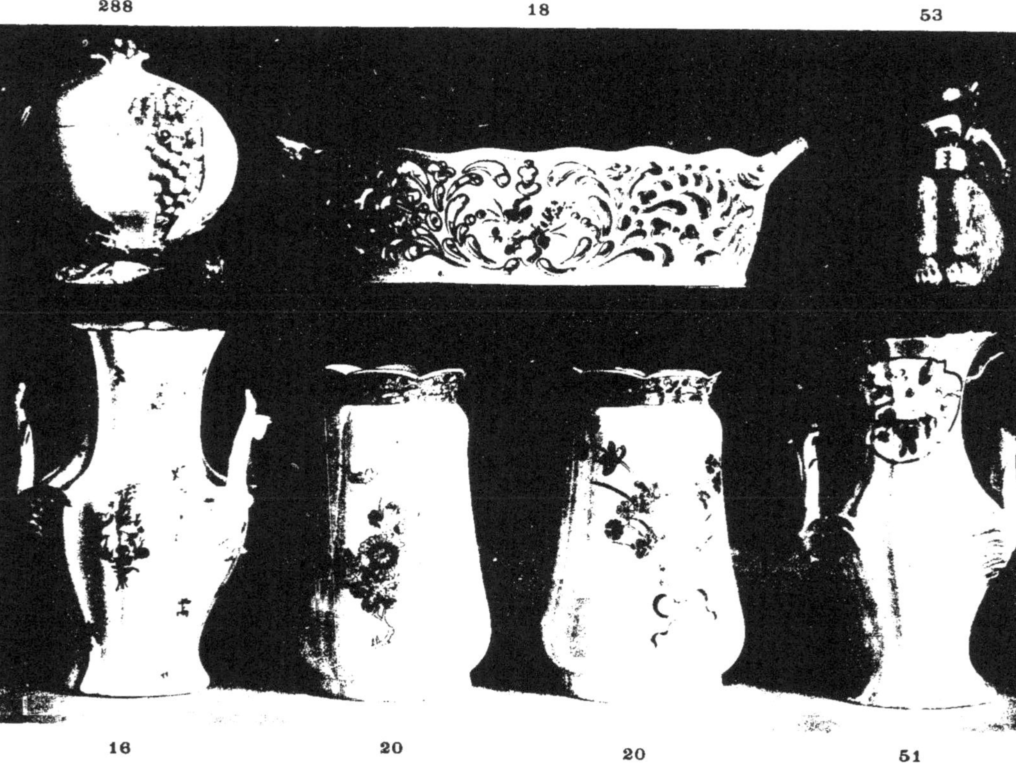

16 20 20 51

12 — **Chantilly**. Deux grandes statuettes, homme et femme portant une hotte, porcelaine blanche.

Haut., 250 millim.

13 — **Chantilly**. Vase côtelé à deux anses incomplètes, décor polychrome de bouquets de fleurs. Marque au cor de chasse en rouge. Couvercle ajouré et pied en bronze doré.

Haut., 200 millim.; diam., 110 millim.

14 — **Chantilly**. Pot de toilette, décor polychrome, couvercle et partie supérieure du pot bordés d'une bande de branchages de fleurs sur un fond pointillé noir; le pourtour du pot est décoré de fleurs et le couvercle de papillons. Monture argent ciselé et gravé.

Haut., 130 millim.; diam., 88 millim.

15 — **Chantilly**. Pot à pommade couvert, décoré en polychrome d'un personnage chinois et branchage de fleurs; à la base et sur le couvercle, bandes ornementales en rouge. Monture en argent. Marque au cor de chasse en rouge.

Haut., 88 millim.; diam., 66 millim.

16 — **Chantilly**. Vase forme balustre à côtes et anses verticales ajourées, décor polychrome de bouquets de fleurs et hachures bleues. Marque au cor de chasse en rouge.

Haut., 195 millim.; diam., 120 millim.

17 — **Chantilly**. Petit sucrier rond avec son couvercle bombé, décor polychrome coréen. Monture argent.

Haut., 59 millim.; diam., 78 millim.

18 — **Chantilly**. Grande marronnière ovale, ajourée, avec anses, décor polychrome de bouquets de fleurs et filets roses. Marque au cor de chasse en bleu.

Haut., 80 millim.; long., 285 millim.

19 — **Chantilly**. Pot-pourri couvert, de forme ronde, avec anses formées de mascarons et coquilles, décor bleu, rouge et vert, d'un semis de fleurs sur fond jaune. Le bouton du couvercle et le pourtour de cette pièce sont garnis de grands branchages de fleurs, fruits et feuillages en relief, émaillés blanc.

Rare et jolie pièce.

Haut., 148 millim.; diam., 120 millim.

20 — **Chantilly**. Deux vases à oignons, à six lobes, décor polychrome de grands branchages de fleurs et feuillages. Les cols sont décorés d'une bande de branchages de fleurs sur un pointillé noir.

Haut., [illegible] millim.; diam., 115 millim.

21 — **Chantilly**. Soucoupe, décor polychrome de bouquets de fleurs. Marque au cor de chasse en noir.

22 — **Chantilly**. Petite soucoupe, décor bleu à l'épi.

23 — **Chantilly**. Tasse sans anse et sa soucoupe, décor camaïeu bleu de branchages de fleurs et feuillages.

24 — **Chantilly**. Tasse forme feuille, à anse, sans soucoupe, décor polychrome: d'un côté, un branchage de feuillages en relief; de l'autre, un bouquet de fleurs. Marque au cor de chasse rouge.

25 — **Chantilly**. Porte-bouquet formé d'un tronc d'arbre sur lequel est perché un paon, décor polychrome en relief d'un grand branchage de fleurs et feuillages dans le goût des porcelaines coréennes.

Haut., 168 millim.

26 — **Chantilly**. Assiette à bord lobé, décor bleu: au fond, un gros œillet; sur le marli, une couronne d'épis.

10 43 14

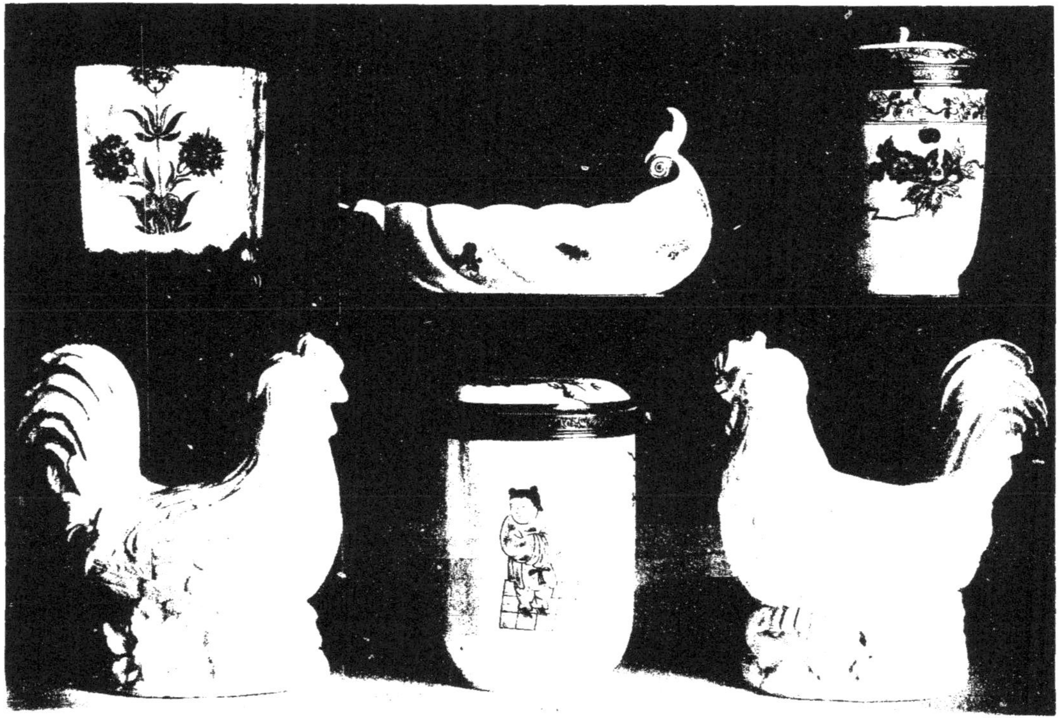

169 42 169

27 — **Chantilly**. Assiette à bord lobé, décor camaïeu bleu de guirlandes fleuries, suspendues par des nœuds de ruban ; au fond, deux lettres enlacées, formées par des roses surmontées d'une couronne. Marque au cor de chasse et *Villers-Cottereis*.

Vente du Comte d'Yanville (n° 126).

28 — **Chantilly**. Assiette à bord lobé, décorée au fond, en bleu, d'une grande couronne de quadrillés et d'un gros filet bleu au bord.

Vente du Comte d'Yanville (n° 153).

29 — **Chantilly**. Petit sucrier rond, décor polychrome en relief de branchages fleuris. Marque au cor de chasse en rouge. Monture et bouton en cuivre.

Haut., 88 millim. ; diam., 64 millim.

30 — **Chantilly**. Jardinière applique, à cinq pans, décor polychrome coréen. Marque au cor de chasse en rouge.

Haut., 115 millim. ; long., 155 millim.

31 — **Chantilly**. Tasse, forme gobelet, et sa soucoupe avec imbrications blanches en relief ; décor polychrome d'oiseaux et branchages de fleurs et feuillages.

Vente du Comte d'Yanville (n° 162).

32 — **Chantilly**. Assiette à bord lobé et marli à vannerie, décor polychrome de grands bouquets de fleurs, ornements jaunes au bord. Marque au cor de chasse en manganèse.

Vente du Comte d'Yanville (n° 144).

33 — **Chantilly**. Assiette à bord contourné, le marli à vannerie, décorée au fond, en bleu, d'une couronne de fleurs et feuillages.

Vente du Comte d'Yanville (n° 157).

34 — **Chantilly ou Saint-Cloud.** Pot-pourri ou brûle-parfum couvert, porcelaine blanche, décoré d'animaux, fleurs, feuillages et rocailles en relief.

Haut., 16 cent.; larg., 13 cent.

35 — **Chantilly.** Douze couteaux, avec manches porcelaine, décor polychrome de branchages de feuilles de vignes et grappes de raisin. Écrin en cuir.

36 — **Chantilly.** Sucrier couvert, à sucre en poudre, forme ovale, à quatre lobes, et son plateau, décor polychrome de bouquets de fleurs. Marque au cor de chasse.

Longueur du plateau, 248 millim.

37 — **Chantilly.** Sucrier couvert à huit lobes, décor polychrome de branchages, de fleurs, fruits et feuillages. Le bouton du couvercle est formé de trois volubilis. Marque au cor de chasse en rouge.

Long., 145 millim.; haut., 115 millim.

38 — **Chantilly.** Pot à pommade avec son couvercle, décoré de vannerie blanche et bouquets de fleurs polychromes.

Haut., 93 millim; diam., 67 millim.

39 — **Chantilly.** Deux pots à pommade couverts, décor polychrome coréen.

Haut., 75 millim.; diam., 56 millim.

40 — **Chantilly ?.** Marronnière couverte, de forme ovale, anse cordée et son plateau simulant l'osier, décor polychrome en relief de fleurs et feuillages.

Longueur du plateau, 190 millim.

41 — **Chantilly.** Deux petits bols et leurs soucoupes, côtelés, décor polychrome coréen, composé de trois médaillons renfermant deux personnages chinois sur fond rouge, reliés par des fleurs et ornements divers.

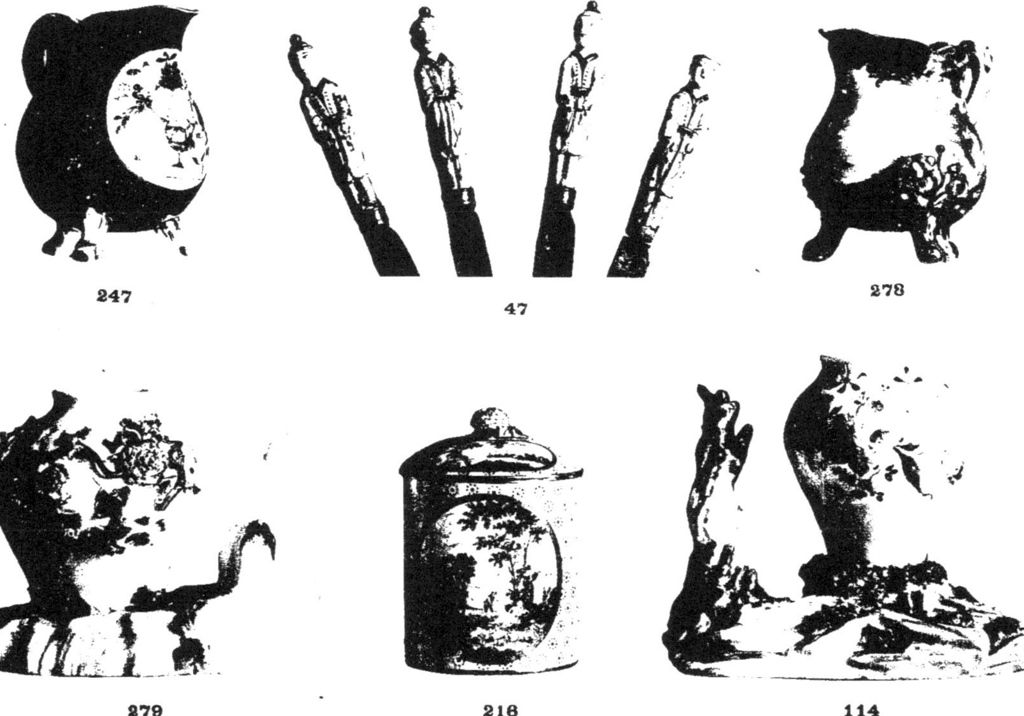

247 — 47 — 278

279 — 216 — 114

42 — **Chantilly**. Grand pot de toilette cylindrique, arrondi à la base, avec son couvercle bombé, décor polychrome de personnage, animaux fantastiques et fleurs dans le goût chinois. Monture en cuivre doré, ciselé et gravé. Marque au cor de chasse en rouge.

Haut., [illegible] ; diam., [illegible] millim.

43 — **Chantilly**. Saucière à côtes tournantes et anse forme coquille, décor polychrome de bouquets de fleurs et ornements divers. Marque au cor de chasse rouge.

Long., 185 millim. ; haut., [illegible] millim.

Vente du Comte d'Yanville n° 137.

44 — **Chantilly**. Bourdaloue forme escargot, avec anse formée d'un branchage vert, décor polychrome de bouquets de fleurs. Marque au cor de chasse en rouge.

Long., 18[illegible] millim.

Vente du Comte d'Yanville n° 148.

45 — **Chantilly**. Deux petits cache-pots à anses formées par des coquilles à hachures bleues, décor bleu sur les deux faces d'un médaillon renfermant la lettre M, surmonté d'une couronne. Marque au cor de chasse et la lettre B en bleu.

Haut., 105 millim. ; diam., 120 millim.

46 — **Chantilly**. Grand cache-pot à anses formées par des mufles de lion, décor polychrome dit « à l'écureuil ». A la partie supérieure existe une large bande, composée de branchages, de fleurs et ornements sur un fond pointillé noir.

Haut., 170 millim. ; diam., 180 millim.

47 — **Chantilly**. Quatre couteaux dont les manches en porcelaine sont formés d'un personnage chinois ; trois sont décorés en polychrome de semis de fleurs sur fond blanc ; le quatrième a une robe verte.

Longueur des manches, [illegible] millim.

48 — **Chantilly**. Boite carrée sans couvercle, décor polychrome de bouquets de fleurs avec bandes composées de branchages fleuris sur pointillés noirs formant encadrement.

Haut., 84 millim.; larg., 115 millim.

49 — **Chantilly**. Petit cache-pot à anses formées par des coquilles à hachures bleues; sur les deux faces, le blason de la famille d'Orléans. Marque au cor de chasse.

Diam., 120 millim.; haut., 105 millim.

50 — **Chantilly**. Deux petits cache-pots côtelés, avec anses formées par des feuillages, décor polychrome de bouquets de fleurs.

Haut., 88 millim.; diam., 110 millim.

51 — **Chantilly**. Vase forme balustre, à côtes et nervures, avec anses verticales, décoré en polychrome de deux réserves contenant des bouquets de fleurs, sur fond azuré. Marqué au cor de chasse et de la lettre C. en rouge.

Haut., 198 millim.; diam., 110 millim.

52 — **Chantilly**. Vase rond, formé d'ornements en relief blanc; le pied est composé de sept feuilles découpées et petites fleurs de volubilis; sur le pourtour, trois branchages de fleurs en relief, décor polychrome. Marque au cor de chasse en rouge.

Haut., 150 millim.; diam., 110 millim.

53 — **Chantilly ou Mennecy**. Singe assis, serrant sur ses genoux un coquillage jaune, décor vert et noir.

Très rare et curieuse pièce.

Haut., 128 millim.

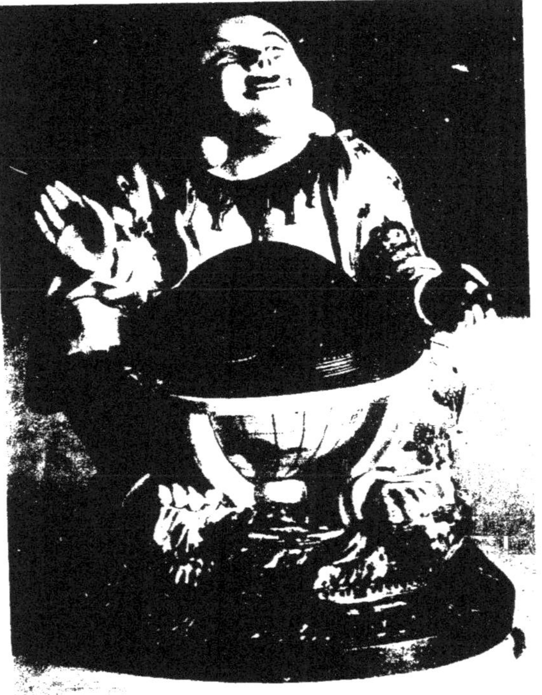

54

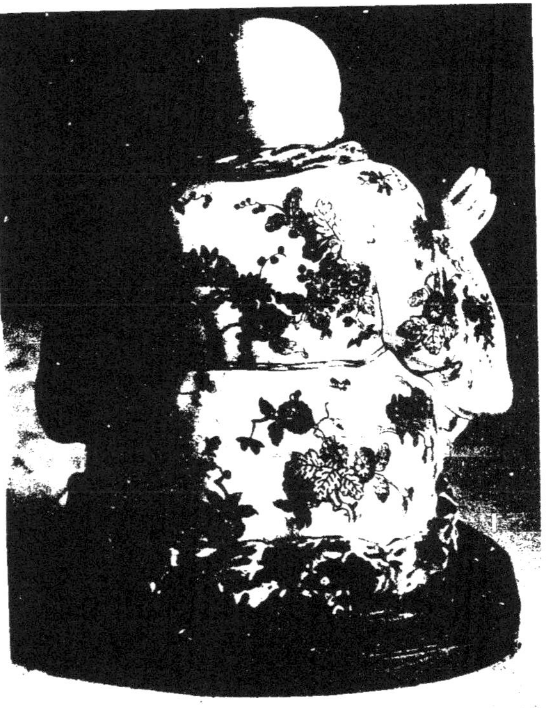

54

54 — **Chantilly**. Grande écritoire, formée d'un gros Chinois souriant, assis sur une terrasse rocailleuse, tenant entre ses jambes une mappemonde contenant les godets en cuivre doré. La robe est entièrement couverte d'un décor polychrome, composé de branchages de fleurs et feuillages. Très jolie monture en bronze ciselé et doré.

Pièce exceptionnelle de la plus grande rareté.

Profond., 230 millim.; haut., 278 millim.; larg., 185 millim.

ANCIENNES PORCELAINES TENDRES DE MENNECY

55 — **Mennecy**. Petit compotier à huit lobes, décor polychrome de bouquets de fleurs, filet bleu. Marque D. V. en creux.

Diam., 175 millim.

56 — **Mennecy**. Deux statuettes, sur terrasse rocailleuse, homme assis tenant un fruit et femme assise tenant une marmite. Biscuit tendre.

Haut., 145 millim.

57 — **Mennecy**. Statuette de singe assis jouant de la contrebasse. Porcelaine blanche. Marque D. V. en creux.

Haut., 145 millim.

58 — **Mennecy ou Italie**. Petit buste d'homme coiffé d'un chapeau posé sur l'oreille gauche, avec socle quadrangulaire adhérent à grains d'orge. Porcelaine blanche.

Haut., 135 millim.

59 — **Mennecy**. Petite figure représentant un personnage assis avant une coiffure verte, jouant de la flûte, décor polychrome.

Haut., 97 millim.

60 — **Mennecy**. Deux pots à pommade cylindrique à nervures, avec leurs couvercles, décor polychrome de bouquets de fleurs. Marque D. V. en creux.

Diam., 70 millim.; haut., 75 millim.

61 — **Mennecy**. Tasse trembleuse couverte, à deux anses verticales et sa soucoupe, décor polychrome de guirlandes de fleurs et pendentifs. Marque D. V. en creux.

Diam. de la soucoupe, 178 millim.

62 — **Mennecy**. Tasse, forme gobelet, et soucoupe, porcelaine blanche, décorée en relief de branchages, de fleurs de pêcher et ornements divers, monture en or ciselé; l'intérieur de la tasse est également en or.

Diam. de la soucoupe, 150 millim.

63 — **Mennecy**. Tasse à café et sa soucoupe, décor polychrome d'oiseaux et arbustes, plus un verre en cristal, le tout renfermé dans un écrin en cuir. Marque D. V. en creux.

64 — **Mennecy**. Tasse à café et sa soucoupe, à bords découpés et nervures, porcelaine blanche, décor en relief de branchages, de feuilles de vignes et grappes de raisin.

65 — **Mennecy**. Deux pots à jus, à anse, décor polychrome de guirlandes de fleurs et pendentifs, reliés par des nœuds. Marque D. V. en creux.

Diam., 52 millim.; haut., 63 millim.

66 — **Mennecy**. Beurrier en forme de baquet, à plateau adhérent, avec son couvercle, décor polychrome de bouquets de fleurs.

(*Vente du Comte d'Yanville*, n° 125.)

67 — **Mennecy**. Deux vases Médicis, décor polychrome à bouquets de fleurs. Marque D. V. en creux.

Haut., 75 millim.; diam., 68 millim.

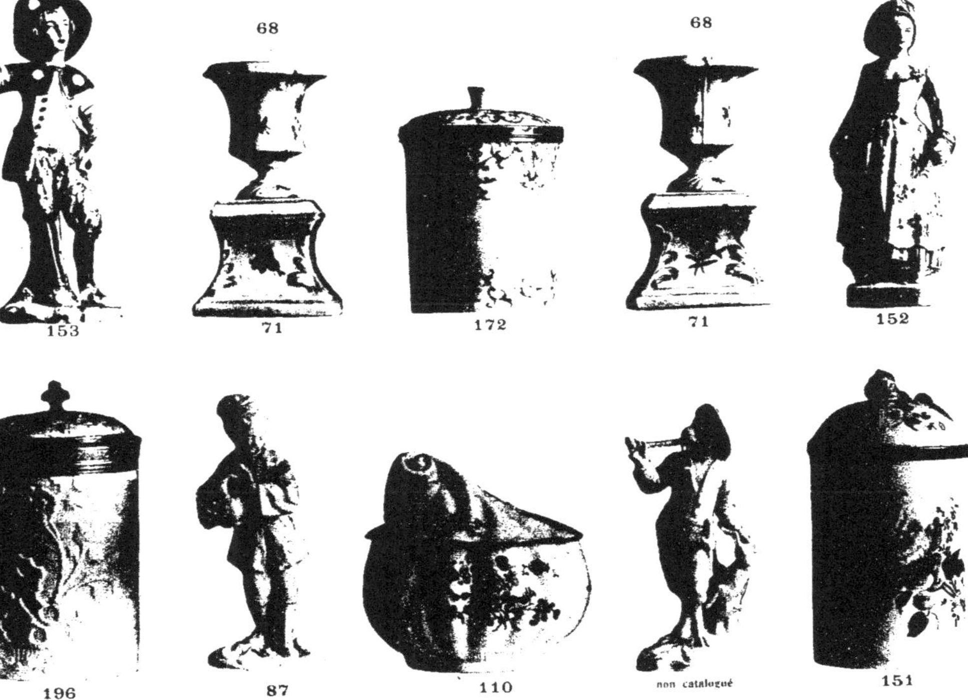

68 — 68

153 — 71 — 172 — 71 — 152

196 — 87 — 110 — non catalogué — 151

68 — **Mennecy**. Deux petits vases forme Médicis, décor polychrome, bouquets de fleurs. Marque D. V. en creux.

Haut., 54 millim.; diam., 56 millim.

69 — **Mennecy**. Petit vase Médicis, décor polychrome de bouquets de fleurs. Marque D. V. en creux.

Haut., 55 millim.; diam., 52 millim.

70 — **Mennecy**. Très petit vase Médicis, décor polychrome de bouquets de fleurs. Marque D. V. en creux.

Haut., 45 millim.; diam., 48 millim.

71 — **Mennecy**. Deux socles de forme quadrangulaire, avec feuillages en relief aux angles et un bouquet de fleurs sur chaque face. Marque D. V. en creux.

Haut., 64 millim.; base, 78 millim.; plateau, 49 millim.

72 — **Mennecy**. Socle de forme quadrangulaire, décor polychrome, bouquets de fleurs. Marque D. V. en creux.

Haut., 51 millim.; base, 68 millim.; plateau, 44 millim.

73 — **Mennecy**. Deux petits socles de forme quadrangulaire, décor polychrome, bouquets de fleurs. Marque D. C. P.

Haut., 41 millim.; base, 44 millim.; plateau, 22 millim.

74 — **Mennecy**. Petit socle de forme quadrangulaire, décor polychrome, bouquets de fleurs. Marque D. V. en creux.

Haut., 40 millim.; base, 44 millim.; plateau, 34 millim.

75 — **Mennecy et Bourg-la-Reine**. Écuelle couverte à anse verticale et godrons blancs et son plateau, décor polychrome de rinceaux de fleurs et feuillages. Les anses et la partie supérieure des godrons sont cerclés de bleu. Marques : sur l'écuelle, B. R. en creux; sur le plateau, D. V. en creux.

Diamètre du plateau, 165 millim.

76 — **Mennecy**. Grande figurine de Chinois agenouillé, décor polychrome de bouquets de fleurs et ornements jaunes.

Haut., 195 millim.

77 — **Mennecy**. Petite figurine de paysan coiffé d'un chapeau noir, adossé à un tronc d'arbre et jouant du biniou. Décor polychrome. Marque D. V. en creux.

Haut., 90 millim.

78 — **Mennecy**. Petit vase forme Médicis, avec ornements en relief, décor polychrome de bouquets de fleurs. Marque D. V. en creux.

Diam., 85 millim.; haut., 80 millim.

79 — **Mennecy**. Ecuelle couverte à anses doubles formées de branchages, décor polychrome de bouquets de fleurs. Le couvercle est surmonté d'un poisson, coquillages, branchages en relief.

Diam., 165 millim.; haut., 125 millim.

80 — **Mennecy**. Petit brûle-parfums sur terrasse rocailleuse et tronc d'arbre, décor polychrome de bouquets de fleurs.

Haut., 98 millim.; larg., 95 millim.

81 — **Mennecy**. Petit cache-pot à anses cordées, décor polychrome de deux sujets dans le goût de Watteau. Marque D. V. en creux.

Haut., 120 millim.; diam., 110 millim.

Vente du Comte d'Yanville nº 195.

82 — **Mennecy**. Figurine d'homme debout, appuyé sur un tronc d'arbre, tenant de la main gauche une corbeille ovale formant vide-poche; décor polychrome. Marque D. V. en creux.

Haut., 140 millim.

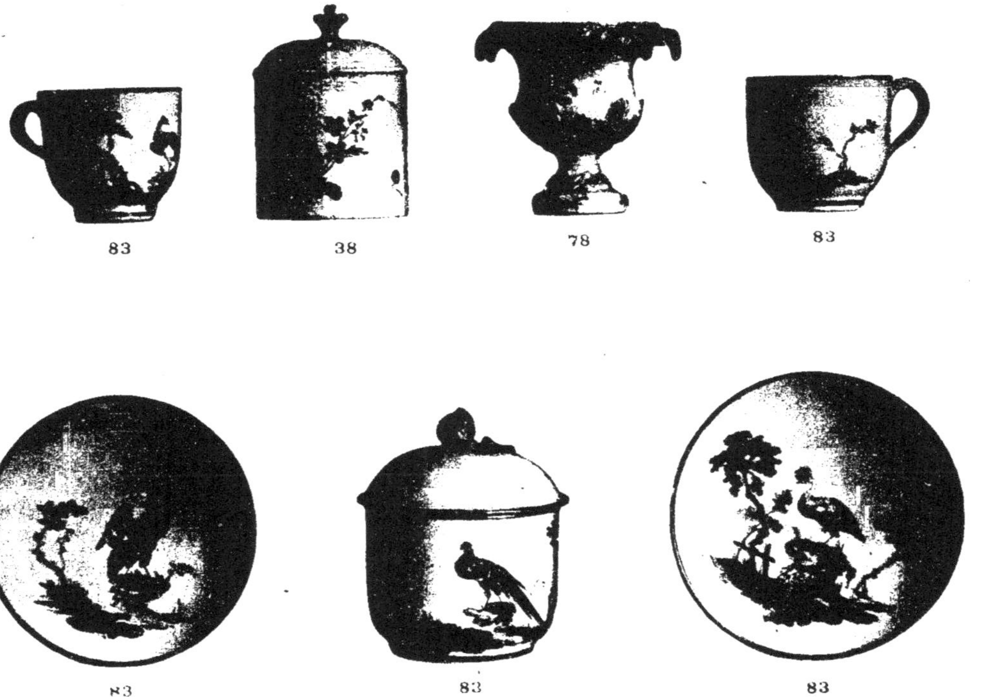
83
38
78
83
83
83
83

83 — **Mennecy**. Service composé de six tasses à café et leur soucoupes, et d'un sucrier, décor polychrome d'oiseaux et arbustes. Marque D. V. en creux.

Écrin en maroquin rouge aux petits fers.

84 — **Mennecy**. Singe assis sur le dos d'un gros chien, entre deux paniers d'osiers. Sur terrasse avec tronc d'arbre : décor polychrome. Marque D. V. en creux.

Pièce très rare.

Haut., 160 millim. ; larg., 150 millim.

85 — **Mennecy**. Socle de forme quadrangulaire, avec ornements rocailles en relief, porcelaine blanche. Marque D. V. en creux.

Haut., 75 millim. ; larg. du plateau, [illegible] millim.

86 — **Mennecy**. Deux petites figurines amours, marchands de coco et marchande de gateaux. Sur terrasses rocailles et troncs d'arbres. Marque D. V. en creux.

Haut., 110 millim.

87 — **Mennecy**. Figurine de villageois, adossé à un tronc d'arbre, tenant un pot à eau, sur terrasse rocailleuse, porcelaine blanche.

Haut., 150 millim.

88 — **Mennecy**. Couteau avec manche en porcelaine blanche, décor en relief de coquilles et ornements divers.

Long., 100 millim.

89 — **Mennecy**. Vase rond, forme baquet, décor polychrome de bouquets, fleurs et fruits. Marque D. V. en creux.

Haut., 56 millim. ; grand. diam., [illegible] millim.

90 — **Mennecy**. Sucrier rond, sans couvercle, décor polychrome d'oiseaux sur arbustes fleuris. Marque D. V. en creux.

Diam., 84 millim. ; haut., 65 millim.

91 — **Mennecy**. Deux figurines d'enfants assis sur des socles, représentant des Saisons, décor polychrome.

Haut., 65 millim.

92 — **Mennecy**. Couvercle minuscule d'écuelle, porcelaine blanche, décoré en relief de branchages de fleurs de pêcher; monture argent.

Diam., 34 millim.

93 — **Mennecy**. Théière couverte, décor polychrome de bouquets de fleurs.

Haut., 125 millim.; larg., 150 millim.

94 — **Mennecy**. Deux petits bols et leurs soucoupes à bords découpés et nervures, porcelaine blanche, décorés en relief de branchages de feuillages et fruits.

Diamètre de la soucoupe, 120 millim.

95 — **Mennecy**. Écuelle couverte, à anses cordées verticales, et son plateau, décor polychrome de bouquets de fleurs. Marque D. V. en creux.

Diamètre du plateau, 170 millim.

96 — **Mennecy**. Pot à pommade cylindrique couvert, avec vannerie, décor polychrome de bouquets de fleurs. Marque D. V. en creux.

Diam., 48 millim.; haut., 60 millim.

97 — **Mennecy**. Chat assis tenant une souris, sur terrasse rocaille, décor polychrome.

Haut., 77 millim.

98 — **Mennecy**. Plateau rectangulaire à angles rentrants et à nervures, décor polychrome de bouquets de fleurs. Marque D. V. G. en creux.

Long., 235 millim.; larg., 215 millim.

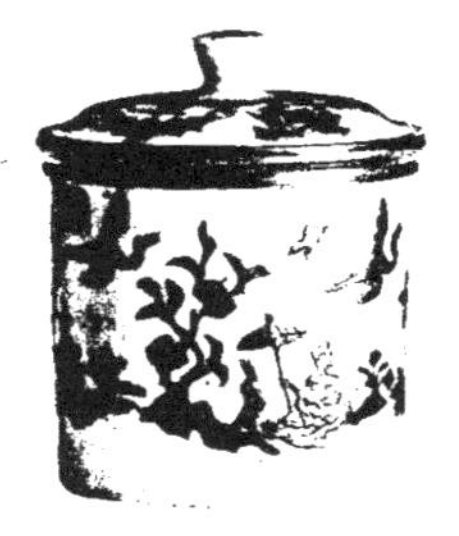
188

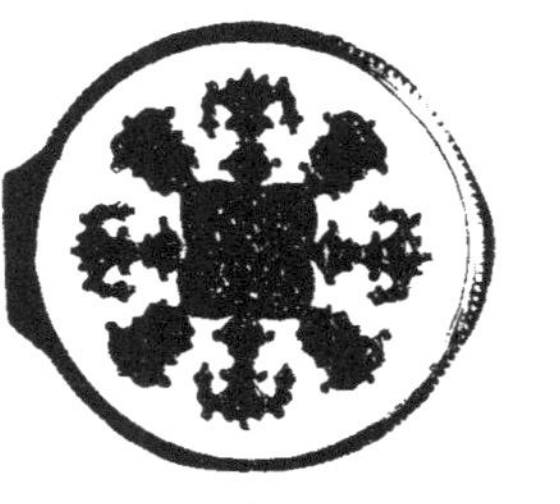
351

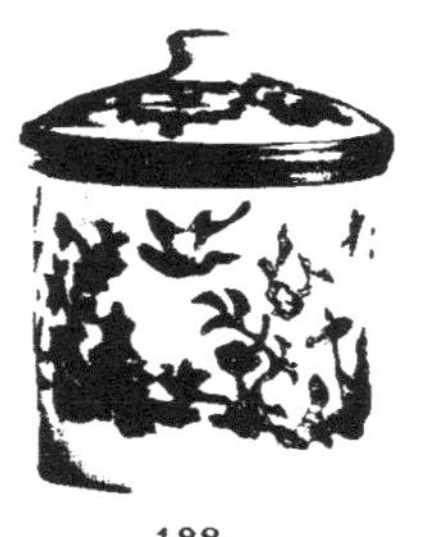
188

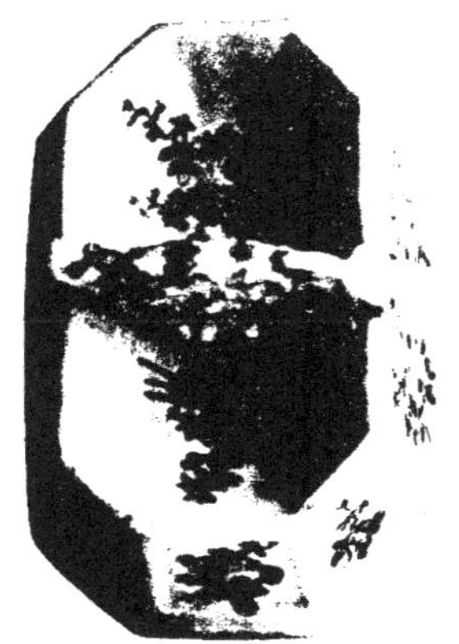
105

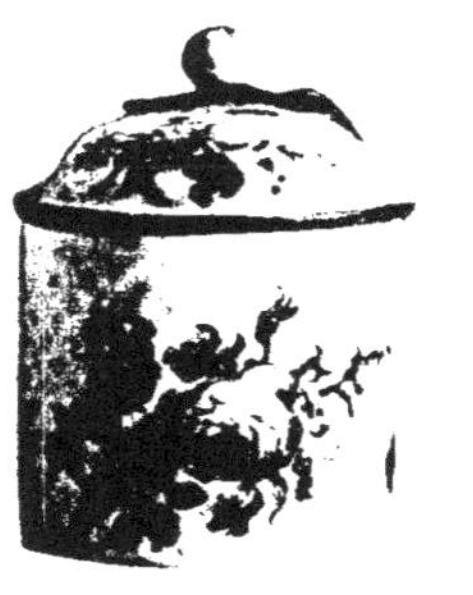
96

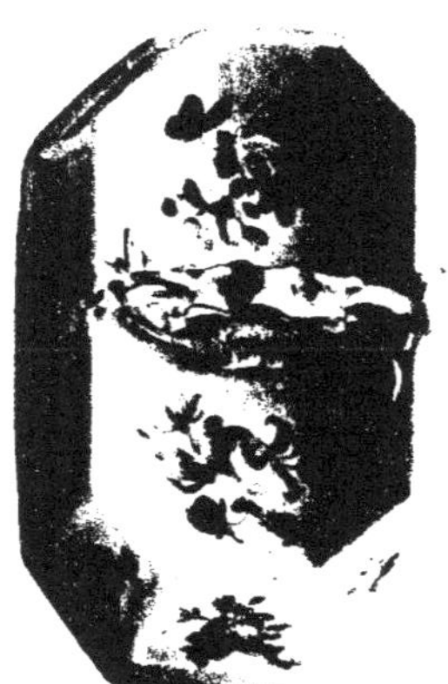
105

99 — **Mennecy**. Grand pot de toilette cylindrique couvert, décor polychrome de bouquets de fleurs. Marque D. V. en creux.

Haut., 155 millim.; diam., 86 millim.

100 — **Mennecy**. Chien couché, sur terrasse, décor polychrome au naturel.

Haut., 77 millim.; long., 116 millim.

101 — **Mennecy**. Vase brûle-parfums sans couvercle, décor polychrome d'ornements rocailles en relief et de bouquets de fleurs. Pied en bronze doré.

Hauteur totale, 150 millim.; larg., 105 millim.

102 — **Mennecy**. Petit cache-pot à anses ajourées, décor polychrome de bouquets de fleurs.

Haut., 103 millim.; diam., 108 millim.

103 — **Mennecy**. Cafetière sans couvercle, à nervures, décor polychrome de bouquets de fleurs. Marque D. V. en creux.

Haut., 130 millim.

104 — **Mennecy**. Moutardier couvert forme baril, à plateau adhérent, décor polychrome de bouquets de fleurs.

Haut., 85 millim.; diamètre du plateau, 120 millim.

105 — **Mennecy**. Deux salières doubles, de forme octogonale allongée; le pourtour à dix nervures, séparation formée de coquilles; décor polychrome de bouquets de fleurs. Marque D. V. en creux.

Haut., 47 millim.; long., 98 millim.

106 — **Mennecy**. Plateau carré à angles rentrants, décor polychrome dans le goût des porcelaines de Chine, famille verte.

Long., 2[illegible] millim.; larg., 230 millim.

107 — **Mennecy**. Boite à savon de forme sphérique, ouvrant à charnière, décor polychrome coréen de la même facture que le plateau n° 106.

Pièce excessivement rare.

Diam., 110 millim.

108 — **Mennecy.** Figurine représentant un grotesque, fort de la halle sur terrasse. Décor polychrome.

Haut., 150 millim.

109 — **Mennecy**. Petit singe mangeant une noix, sur terrasse, tronc d'arbre; porcelaine blanche décorée en relief de fleurs et feuillages.

Haut., 82 millim.

110 — **Mennecy**. Sucrier à sucre en poudre, formé d'un coquillage; décor polychrome de bouquets de fleurs. Marque D. V. en creux.

Haut., 120 millim.; long., 120 millim.

111 — **Mennecy**. Deux figurines, homme et femme assis sur un tertre; l'homme accompagné d'un chien faisant le beau, et la femme tenant une cage sur ses genoux. Décor polychrome.

Haut., 140 millim.

112 — **Mennecy**. Deux très petits pots à pommade, couverts, décor polychrome de bouquets de fleurs.

Haut., 38 millim.; diam., 36 millim.

113 — **Mennecy**. Statuette représentant une vielleuse debout sur une terrasse rectangulaire, décor polychrome.

Haut., 167 millim.

114 — **Mennecy**. Vase brule-parfums, sur terrasse rocailleuse avec tronc d'arbre, décor polychrome de bouquets de fleurs.

Haut., 155 millim.; larg., 165 millim.

138 84 138

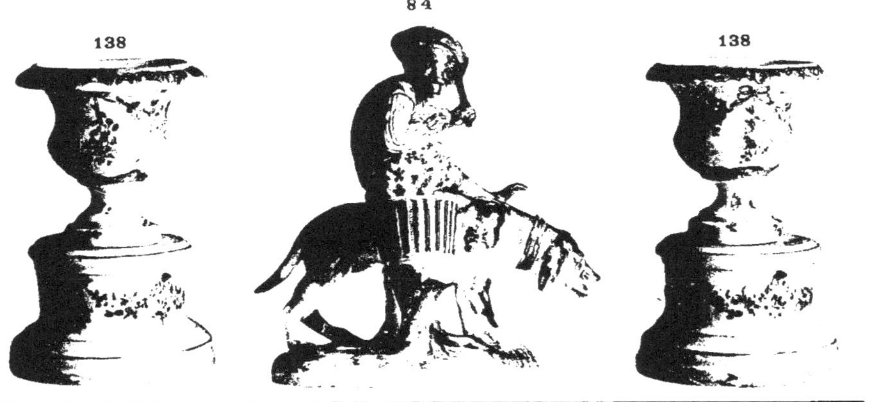

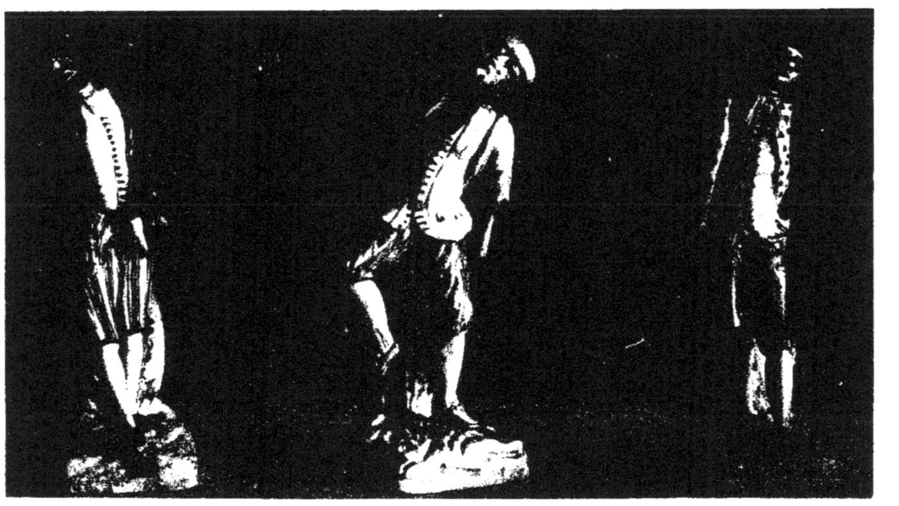

119 118 117

115 — **Mennecy**. Deux vases forme Médicis, avec nervures, décor polychrome de bouquets de fleurs. Marqués D. V. en creux.

Haut., 105 millim.; diam., 105 millim.

116 — **Mennecy**. Deux socles de forme quadrangulaire, ayant aux angles des feuillages bleus en relief; décor polychrome de bouquets de fleurs. Marque D. V. en creux.

Haut., 80 millim.
Larg. de la base, 65 millim.
Larg. du plateau, 58 millim.

117 — **Mennecy**. Grande figurine, personnage de la Comédie italienne, portant des bésicles, coiffé d'un chapeau vert et vêtu d'un manteau noir doublé d'hermine, culotte rose, souliers et jarretières bleus, sur terrrasse rectangulaire. Très belle pièce.

Haut., 215 millim.

118 — **Mennecy**. Grande figurine, personnage de la Comédie italienne, masque tacheté de noir, rejetant en arrière son habit rose, cravate noire, culotte jaune rayée bleu, souliers et chapeau bordé de rose; il est appuyé sur un tronc d'arbre. Très belle pièce.

Haut., 210 millim.

119 — **Mennecy**. Grande figurine, personnage de la Comédie italienne, avec barbe et moustache brunes, bonnet, pantalon et ceinture pékinés rose et blanc, manteau et souliers noirs, sur terrasse rectangulaire. Marque D. V. en creux. Très belle pièce.

Haut., 200 millim.

120 — **Mennecy**. Théière sans couvercle, décor polychrome d'oiseaux et arbustes. Marque D. V. en creux.

Haut., 100 millim.; larg., 170 millim.

121 — **Mennecy**. Pot à crème couvert, à côtes tournantes, décor polychrome de bouquets de fleurs, oiseau et papillon.

Haut., 95 millim.

122 — **Mennecy**. Trois pots à crème couverts, à côtes tournantes, décors différents polychromes de bouquets de fleurs.

123 — **Mennecy**. Coquetier, de forme ovoïde, avec anses cordées, décor polychrome de bouquets de fleurs.

Haut., 43 millim.; diam., 45 millim.

124 — **Mennecy**. Théière couverte, porcelaine blanche, décorée en relief de branchages de fleurs de pêcher.

Haut., 12[illegible] millim.; long., 15[illegible] millim.

125 — **Mennecy**. Théière couverte, porcelaine blanche, décorée sur la panse d'ornements réguliers en relief. Le déversoir et l'anse sont formés de branchages de fruits et feuillages. Monture argent.

Haut., 135 millim.; long., 180 millim.

126 — **Mennecy**. Pot à eau forme broc, avec anse composée d'un buste de femme; porcelaine blanche décorée d'ornements gravés et de cercles en relief. Marque D. V. en creux.

Haut., 215 millim.

127 — **Mennecy**. Figurine de chasseur debout, nu-tête, porcelaine blanche.

Haut., 265 millim.

128 — **Mennecy**. Bol couvert avec son plateau, porcelaine blanche, décor en relief de branchages de fleurs de pêcher. Marque D. V. en creux.

Hauteur du sucrier, 150 millim.
Largeur du plateau, 150 millim.

125 126 140

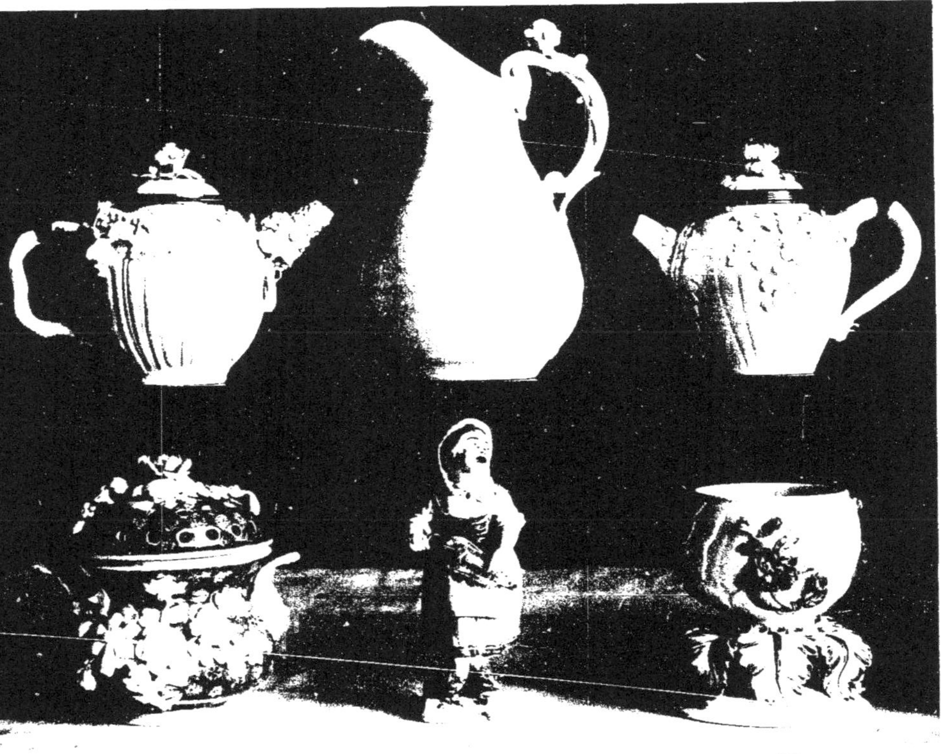

19 113 52

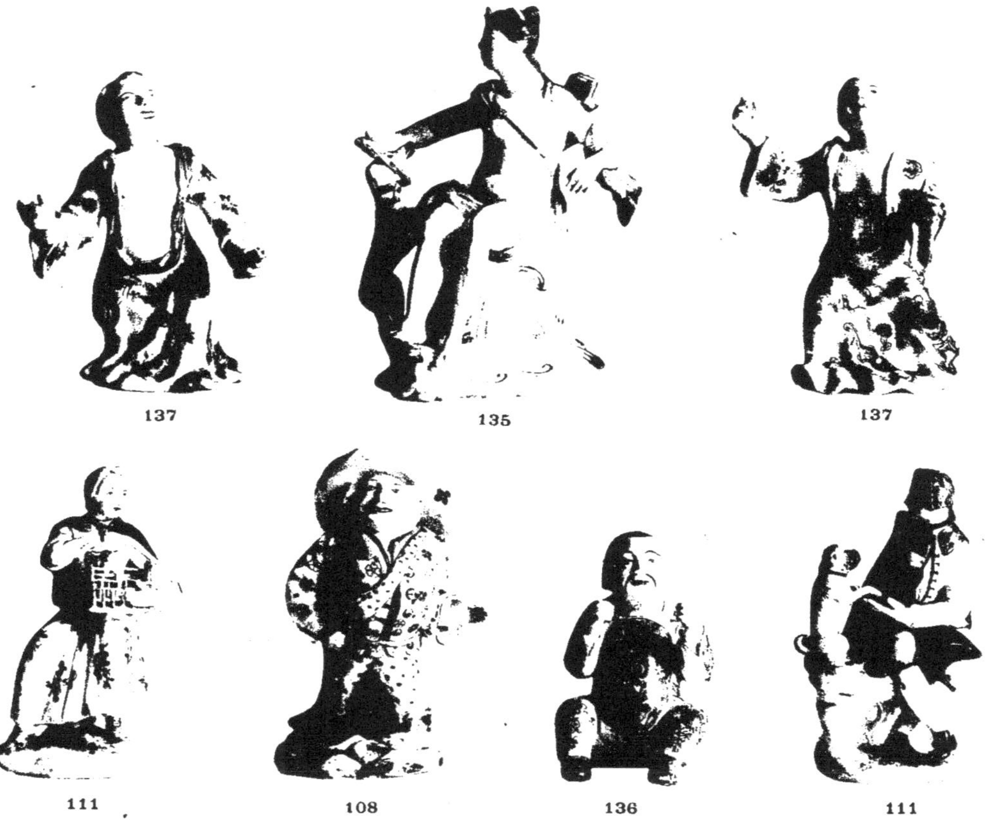

137 135 137

111 108 136 111

129 — **Mennecy**. Petit vase rond, couvert, brûle-parfums, porcelaine blanche, décor de fleurs et feuillages en relief. Marque D. V. en creux.

Haut., 90 millim.; diam., 60 millim.

130 — **Mennecy**. Théière couverte, décor polychrome de bouquets de fleurs. Marque D. V. en creux.

Haut., 145 millim.; long., 175 millim.

131 — **Mennecy**. Tasse forme gobelet et sa soucoupe, avec godrons blancs, décor polychrome de bouquets de fleurs. Marque D. V. en creux.

Dans un écrin en cuir aux petits fers.

132 — **Mennecy**. Gobelet, décor polychrome d'oiseaux, arbustes, fleurs et ornements divers, imitation des porcelaines du Japon.

Haut., 62 millim.; diam., 78 millim.

133 — **Mennecy**. Deux groupes, formés chacun d'une figurine assise : le petit garçon jouant du biniou, ayant à ses pieds un vase couvert à trous; l'autre, une fillette auprès d'un vase couvert également troué. Porcelaine blanche. Marque D. V.

Haut., 190 et 180 millim.

134 — **Mennecy**. Écuelle ronde couverte, à anses verticales avec son plateau, décor camaïeu bleu d'oiseaux et arbustes.

Pièce rare.

Diam. du plateau, 170 millim.

135 — **Mennecy**. Groupe de Diane assise sur une terrasse rocailleuse, tenant son chien en laisse; décor polychrome de semis de fleurs, hachures bleues.

Haut., 175 millim.

136 — **Mennecy**. Poussah assis, décor polychrome de bouquets de fleurs et ornements divers.

Haut., 110 millim.

137 — **Mennecy**. Deux figurines de magots chinois se faisant pendant, à demi agenouillés, décor polychrome de bouquets de fleurs, animaux chimériques et ornements divers. Marque D. V. en creux.

Haut., 145 millim.

138 — **Mennecy**. Paire de vases de forme Médicis, sur leurs socles ronds mobiles, décor polychrome de guirlandes de fleurs et ornements divers.

Pièces fort rares, surtout en paires.

Haut. totale, 140 millim.; diam. des socles, 62 millim.

139 — **Mennecy**. Service composé d'une cafetière, d'une théière, d'un sucrier et de six tasses à café et leurs soucoupes ; décor polychrome et filets or de personnages dans des paysages. Marque D. V. en creux.

Ce service, qui possède six petits verres à liqueurs, est contenu dans un écrin en cuir aux petits fers. Ensemble remarquable et très rare.

140 — **Mennecy**. Théière couverte, lobée à nervures, porcelaine blanche décorée de branchages de fleurs en relief. Monture argent.

Haut., 130 millim.; long., 165 millim.

141 — **Mennecy**. Écuelle ronde couverte, avec godrons blancs et anses verticales, décor bleu à froid, dans le goût des faïences rouennaises. Marque D. V. en creux.

Haut., 95 millim.; long., 170 millim.

142 — **Mennecy**. Tasse à café et sa soucoupe, avec nervures, porcelaine blanche décorée de branchages de fleurs en relief.

143 — **Mennecy**. Cafetière couverte, décor polychrome d'oiseaux, fruits et branchages fleuris. Marque D. V. en creux.

Haut., 150 millim.

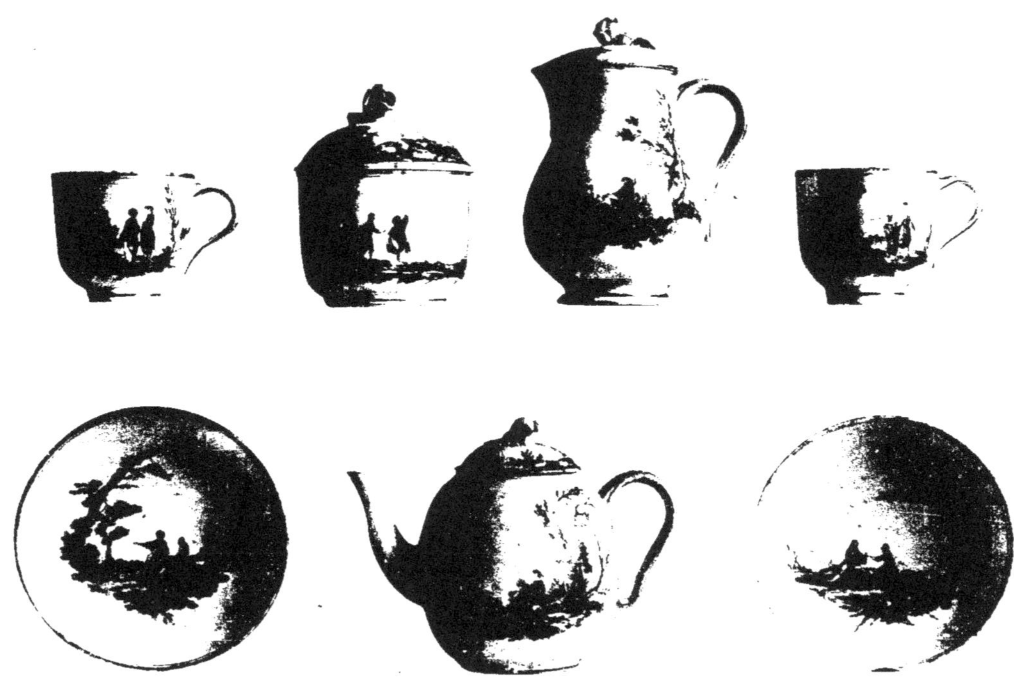

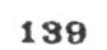

144 — **Mennecy**. Sucrier rond, couvert, à anses verticales, porcelaine blanche, décor en relief de branchages, de fleurs et feuillages.

Haut., 85 millim.; diam., 88 millim.

145 — **Mennecy**. Théière couverte, décor camaïeu bleu et de bouquets de fleurs. Marque D. V. en creux.

Haut., 105 millim.; long., 135 millim.

146 — **Mennecy**. Figurine de jardinier appuyé sur un tronc d'arbre, avec terrasse carrée, ayant à ses pieds un panier rempli de fruits, décor polychrome et or.

Haut., 140 millim.

147 — **Mennecy**. Petite figurine de villageois nu-tête, adossé à un arbre, portant une hotte sur son dos et tenant une fleur de la main gauche; décor polychrome.

Haut., 92 millim.

148 — **Mennecy**. Deux petites gaines formées de bustes casqués, représentant Minerve et Mercure, biscuit tendre. Marque D. V. en creux.

Haut., [illegible] millim.

149 — **Mennecy**. Petit sucrier rond, couvert, décor polychrome d'oiseaux sur branchages de fleurs et feuillages. Marque D. V. en creux.

Haut., 87 millim.; diam., 78 millim.

150 — **Mennecy**. Petite figurine de femme coiffée d'un chapeau, portant, dans sa jupe relevée, des grappes de raisins et en tenant une de la main gauche, décor polychrome.

Haut., 115 millim.

151 — **Mennecy**. Deux grands pots de toilette cylindriques couverts, décor polychrome de bouquets de fleurs, monture argent.

Haut., 165 millim.; diam., 88 millim.

152 — **Mennecy.** Figurine de villageoise debout, sur socle carré, décor polychrome, robe pékinée rose, tablier semis de fleurettes. Marque D. V. en creux.

Haut., 170 millim.

153 — **Mennecy.** Statuette de pèlerin adossé à un tronc d'arbre, décor polychrome. Marque D. V. en creux.

Haut., 185 millim.

Vente du Comte d'Yanville n° 190.

154 — **Mennecy.** Service composé d'un sucrier, une théière, six tasses à café et leurs soucoupes, décor polychrome d'oiseaux et branchages fleuris. Marque D. V. en creux. Écrin en cuir aux petits fers.

155 — **Mennecy.** Deux vases à oignons, à quatre lobes, décor polychrome d'oiseaux sur grands branchages. Marques A. D. V. en creux.

Haut., 165 millim.; diam., 135 millim.

ANCIENNES PORCELAINES TENDRES DE SAINT-CLOUD

156 — **Saint-Cloud.** Petit couteau avec manche porcelaine, décor bleu dans le goût rouennais.

Long. du manche, 40 millim.

157 — **Saint-Cloud.** Petit couteau avec manche en porcelaine, décor polychrome dans le goût chinois.

Long. du manche, 70 millim.

158 — **Saint-Cloud.** Couteau avec manche porcelaine blanche, imbrications en relief.

Long. du manche, 90 millim.

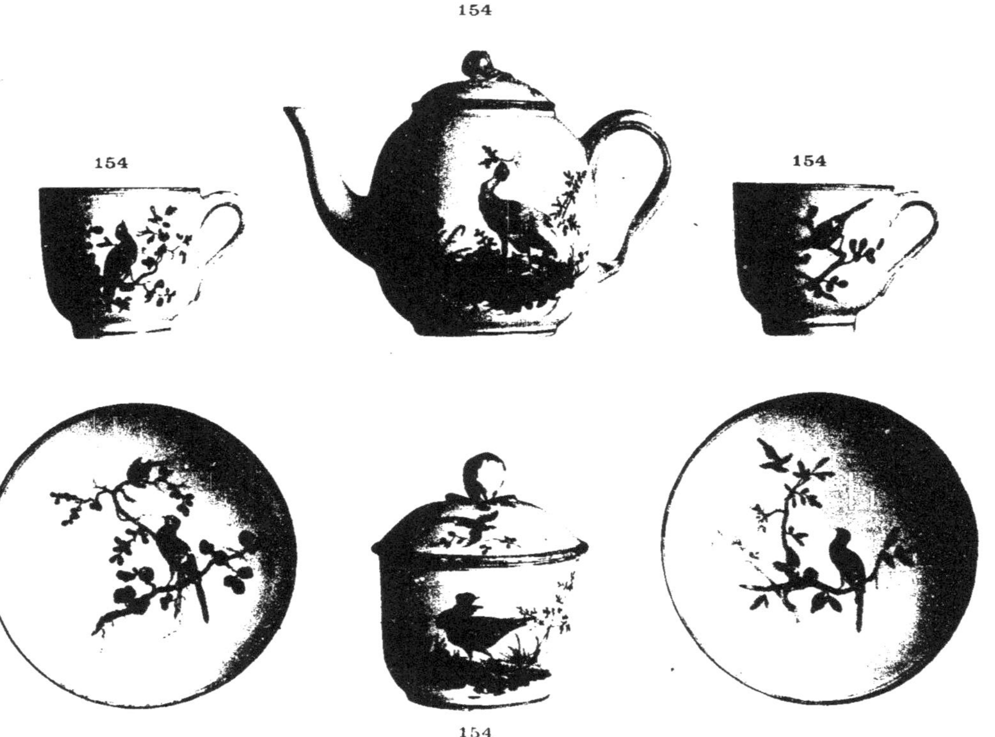

154

154

154

154

159 — **Saint-Cloud**. Tasse à anse et sa soucoupe, à godrons blancs et ornements bleus dans le goût rouennais.

160 — **Saint-Cloud**. Petit pot à pommade, décor blanc en relief de fleurs de pêcher. Monture argent.

Haut., 65 millim.; diam., 48 millim.

161 — **Saint-Cloud**. Pot à pommade couvert, porcelaine blanche à imbrications en relief. Monture argent.

Haut., 80 millim.; diam., 60 millim.

162 — **Saint-Cloud**. Tasse-gobelet et son présentoir, avec godrons blancs en relief, décor camaïeu bleu, avec fleurons et pendentifs dans le goût rouennais.

163 — **Saint-Cloud**. Théière sans couvercle, avec anse et déversoir formés de têtes d'oiseaux, décorés de godrons blancs en relief, d'un lambrequin camaïeu bleu. Marque en bleu S. C. T.

164 — **Saint-Cloud**. Sucrier et couvercle, décor camaïeu bleu, dans le goût rouennais.

Haut., 1[illegible] millim.; diam., 10[illegible] millim.

165 — **Saint-Cloud**. Sucrier cylindrique à deux anses verticales, sans couvercle, décoré à la partie supérieure d'un lambrequin bleu. Marque S. C. T.

Haut., 61 millim.; diam., 94 millim.

166 — **Saint-Cloud**. Figurine de Chinois debout, tenant des fleurs, porcelaine blanche.

Haut., 195 millim.

167 — **Saint-Cloud**. Vase brûle-parfums, sur terrasse, avec dauphin, poissons et fleurs en relief; sur le pourtour du vase, grands branchages de fleurs également en relief. Porcelaine blanche.

Haut., 145 millim.; larg., 155 millim.

168 — **Saint-Cloud**. Petit sucrier rond, couvert, avec godrons bleus, décor dans le goût rouennais. Monture argent.

Haut., 80 millim.; diam., 65 millim.

169 — **Saint-Cloud**. Deux poules sur terrasse rocailleuse, porcelaine blanche.

Haut., 172 millim.; long., 160 millim.

170 — **Saint-Cloud**. Pot cylindrique couvert, à nervures, porcelaine blanche, avec fleurs en relief. Monture argent ciselé et gravé.

Haut., 125 millim.; diam., 68 millim.

171 — **Saint-Cloud**. Boîte à épices en forme de trèfle, sur trois petits pieds griffes de lion, avec son couvercle tournant, décor bleu dans le goût rouennais; le bouton du couvercle formé d'un ananas.

Haut., 88 millim.; long., 140 millim.

172 — **Saint-Cloud**. Deux grands pots de toilette cylindriques couverts, décor camaïeu bleu de lambrequins et de fleurs dans le goût rouennais. Monture argent.

Haut., 125 millim.; diam., 88 millim.

173 — **Saint-Cloud**. Deux grands pots cylindriques couverts, décor camaïeu bleu de lambrequins dans le goût rouennais. Monture argent.

Haut., 125 millim.; diam., 88 millim.

174 — **Saint-Cloud**. Deux sucrières cylindro-coniques, décor blanc en relief de fleurs et ornements divers. Monture argent.

Haut., 210 millim.

175 — **Saint-Cloud**. Boîte à savon de forme sphérique, décor polychrome de bandes vertes avec quadrillés noirs et réserves contenant des écrevisses. Semis de bouquets de fleurs sur le couvercle et à la partie inférieure. Le bouton du couvercle est formé d'un fruit. Monture argent. Pièce très rare.

Haut., 108 millim.; diam., 86 millim.

176 — **Saint-Cloud**. Pot à crème couvert, porcelaine blanche : bouquets de fleurs en relief. Marque S. C. T. en creux.

177 — **Saint-Cloud**. Tasse forme gobelet et son présentoir, à nervures, décor polychrome coréen.

178 — **Saint-Cloud**. Coquetier avec godrons blancs, décoré en bleu de lambrequins dans le goût rouennais.

Haut., 83 millim.

179 — **Saint-Cloud**. Théière et couvercle, porcelaine blanche, décorée en relief d'imbrications et branchages.

Haut., 130 millim.; larg., 185 millim.

180 — **Saint-Cloud**. Deux petits cache-pots godronnés, avec anses formées de mascarons, porcelaine blanche, décor de fleurs et ornements en relief.

Haut., 100 millim.; diam., 110 millim.

181 — **Saint-Cloud**. Sucrier rond à anses verticales, décor camaïeu bleu de lambrequins fleuronnés et ornements de ferronnerie, dans le goût rouennais.

Haut., 75 millim.; diam., 88 millim.

182 — **Saint-Cloud**. Vase à anses verticales, porcelaine blanche, décorée de guirlandes fleuries et ornements en relief.

Haut., 115 millim.; larg., 140 millim.

183 — **Saint-Cloud**. Théière couverte, de forme ovoïde, à nervures, décor en relief de branchages, de fleurs et feuillages.

Haut., 130 millim.; long., 170 millim.

184 — **Saint-Cloud**. Vase rond à deux renflements, porcelaine blanche avec guirlandes de fleurs en relief.

Haut., [illegible] millim.; diam., [illegible] millim.

185 — **Saint-Cloud**. Deux grands magots agenouillés en prière, porcelaine blanche.

Haut., 220 millim.

186 — **Saint-Cloud**. Figurine de Chinoise debout, tenant une fleur, sur terrasse avec fleur de pêcher en relief, porcelaine blanche.

Haut., 215 millim.

187 — **Saint-Cloud**. Deux grands cache-pots godronnés, avec anses formées de têtes de dauphins, porcelaine blanche décorée de fleurs et feuillages en relief.

Haut., [illegible] millim.; diam., 205 millim.

188 — **Saint-Cloud**. Deux petits pots à pommade couverts, décor de sujets chinois et ornements divers; applications de lames d'or ciselées et découpées.

Haut., [illegible] millim.; diam., [illegible] millim.

189 — **Saint-Cloud**. Grande écuelle couverte et son plateau, à anses formées par des lézards, porcelaine blanche en relief de godrons et branchages de fleurs.

Haut., 115 millim.; diam. du plateau, 215 millim.

190 — **Saint-Cloud**. Grand buste de femme, en costume décolleté et coiffée d'un diadème, porcelaine blanche, sur socle adhérent de rocailles et draperies. Pièce importante et très rare.

Haut., 425 millim.; larg., 250 millim.

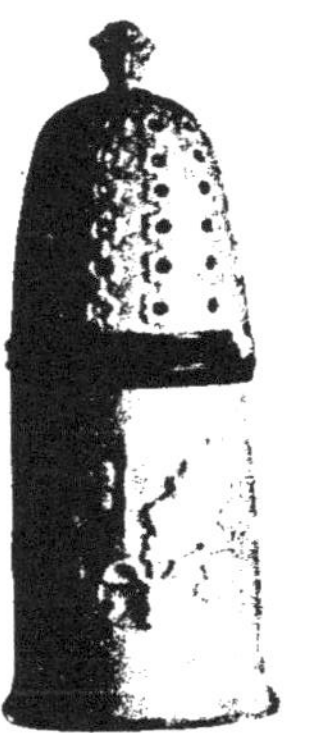

174

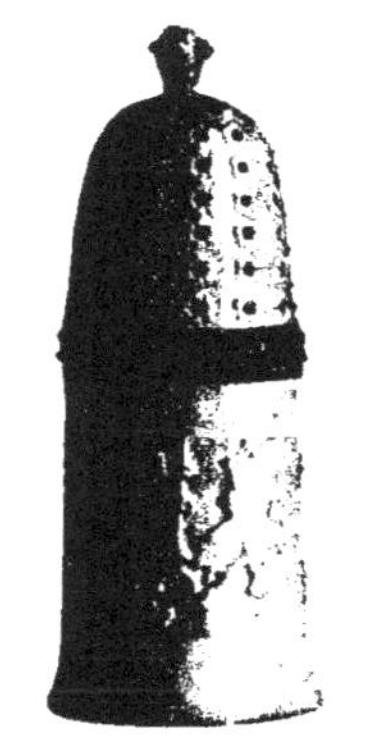

174

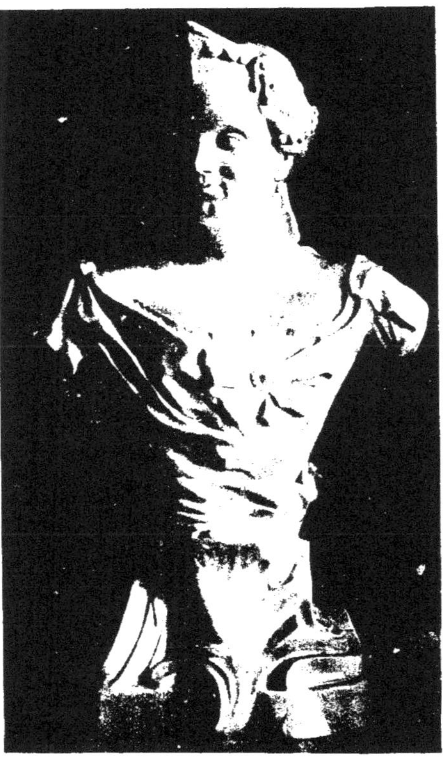

190

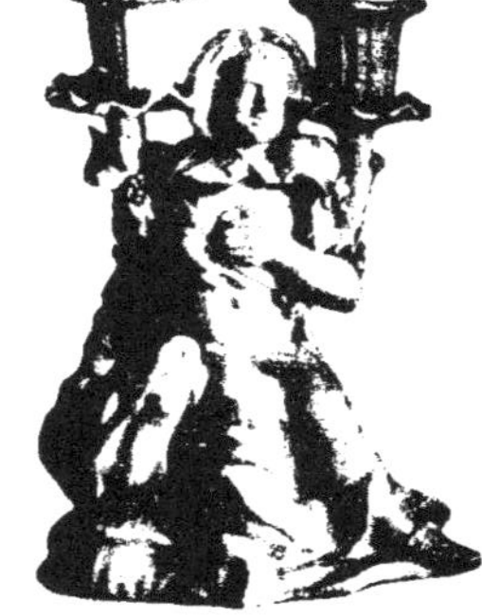

208

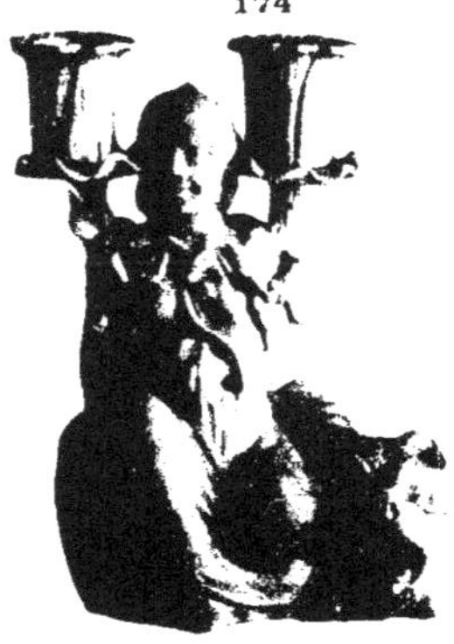

208

141 — **Saint-Cloud**. Salière ronde, décor camaïeu bleu de rosaces, quadrilles et fleurons dans le goût rouennais.

[illegible]

142 — **Saint-Cloud**. Écuelle couverte à anses verticales et son plateau, porcelaine blanche, avec guirlandes en relief. Le bouton du couvercle est formé d'une rose. Monture argent.

[illegible]

143 — **Saint-Cloud**. Coquetier porcelaine blanche, décoré en relief de fleurs de pêcher.

[illegible]

144 — **Saint-Cloud**. Tasse couverte à anse, porcelaine blanche, avec reliefs de branchages, de fleurs de pêcher. Monture argent godronnée.

[illegible]

145 — **Saint-Cloud**. Pilon, porcelaine blanche, décor en relief de branchages, fleurs, feuillages et grenades.

[illegible]

146 — **Saint-Cloud**. Grand pot de toilette cylindrique couvert, porcelaine blanche, décoré de grands branchages de fleurs et feuillages en relief. Monture et bouton du couvercle en cuivre doré gravé.

[illegible]

147 — **Saint-Cloud**. Socle ajouré de forme quadrangulaire, porcelaine blanche, décorée d'ornements rocailles.

[illegible]

[illegible]

148 — **Saint Cloud**. Petit couteau avec manche, décor bleu dans le goût rouennais.

[illegible]

199 — **Saint-Cloud**. Soucoupe, décor bleu d'un grand branchage fleuri. Marque S. C. T.

200 — **Saint-Cloud**. Petit bol et sa soucoupe, à doubles godrons blancs, décor bleu de quadrilles, rosace et fleurs. Marque S. C. T.

201 — **Saint-Cloud**. Quinze couteaux avec manches forme crosse en porcelaine, décor bleu dans le goût rouennais. Dans leur écrin.

202 — **Saint-Cloud**. Quinze fourchettes avec manches, forme crosse en porcelaine, décor bleu dans le goût rouennais. Complétant les quinze couteaux du même décor. Dans leur écrin.

203 — **Saint-Cloud**. Figurine de Chinois portant, sur l'épaule gauche, un gros fruit, porcelaine blanche.

Haut., 210 millim.

204 — **Saint-Cloud**. Vase de forme ovoïde, à quatre lobes, sans couvercle, porcelaine blanche, décoré de branchages de fleurs de pêcher en relief.

Haut., 135 millim.; diam., 120 millim.

205 — **Saint-Cloud**. Pitong à nervures, décor bleu d'ornements divers.

Haut., 110 millim.; diam., 90 millim.

206 — **Saint-Cloud**. Pot à eau couvert, porcelaine blanche, décor à reliefs de branchages de fleurs de pêcher. Jolie monture argent godronnée.

Haut., 200 millim.

207 — **Saint-Cloud**. Saucière de forme oblongue, à deux déversoirs et anses verticales, décor polychrome de lambrequins et ornements divers, dans le goût rouennais.

Vente du Comte d'Yanville (n° 227).

Long., 220 millim.

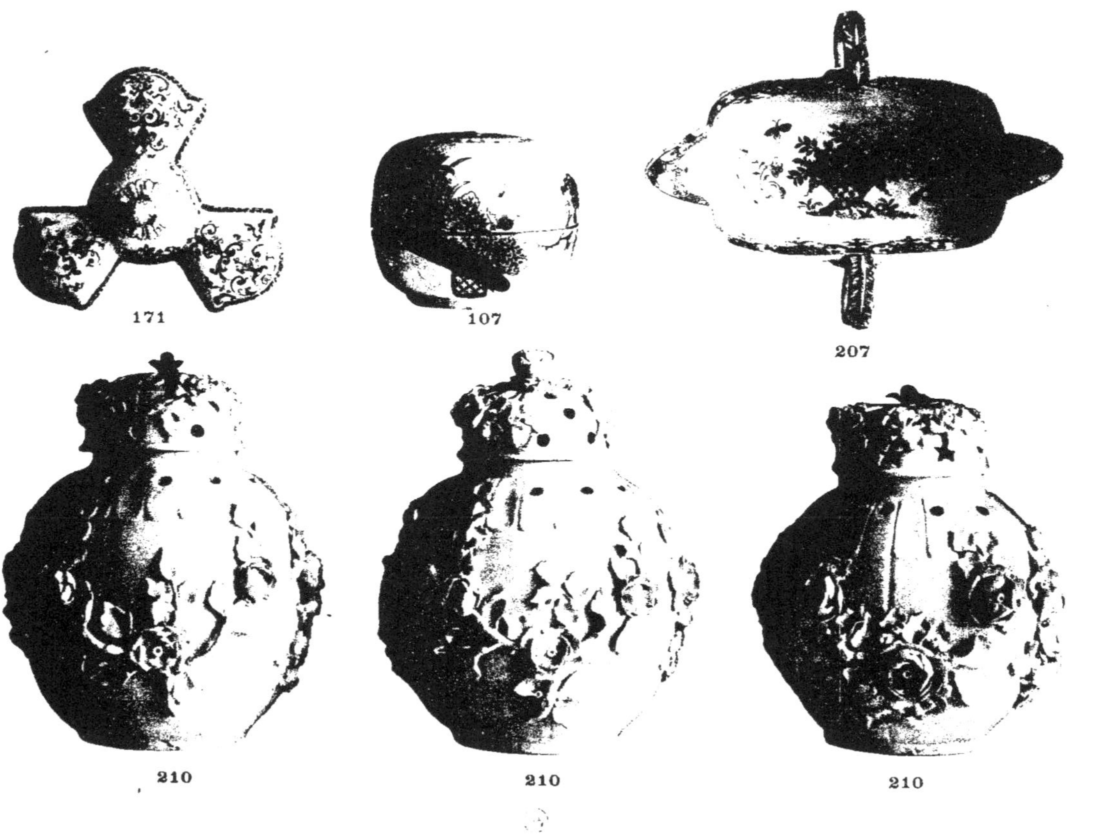

171 107 207

210 210 210

208 — **Saint-Cloud.** Deux bouts de table à deux lumières, formés de figurine de Chinois et Chinoise assis, supportant les binets et caressant un animal fantastique, porcelaine blanche.

Haut., 195 millim.; larg., 135 millim.

209 — **Saint-Cloud.** Grand cache-pot rond, sur piédouche godronné, à anses formées par des têtes de dauphins, décor polychrome et or, composé de personnages, oiseaux et ornements divers, dans le goût des porcelaines de Chine famille verte.

Haut., 180 millim.; diam., 205 millim.

210 — **Saint-Cloud.** Trois brûle-parfums ovoïdes lobés, avec couvercles, porcelaine blanche, décor en haut relief, bouquets de fleurs, feuillages. Marque S. C. T. en creux.

Haut., 225 millim.; diam., 165 millim.

ANCIENNES PORCELAINES TENDRES DE SÈVRES

211 — **Sèvres.** Grand cache-pot à anses formées par des coquilles, décor polychrome d'oiseaux sur grands branchages, bouquets de fleurs et filets bleu et or.

Haut., 185 millim.; diam., 200 millim.

212 — **Sèvres.** Boite à savon de forme sphérique, sur piédouche, décor polychrome et or de grands rinceaux de fleurs et feuillages sur fond pointillé or. A la partie intérieure et sur le couvercle, ornements rayonnants bleu et or. Marque R. Décor de Noël.

Haut., 120 millim.; diam., 96 millim.

1.550 Lampe

213 — **Sèvres**. Tasse trembleuse de forme obconique et son présentoir, décor d'amours d'après Boucher, en grisaille dans des médaillons cerclés or ; sur toute la surface des deux pièces, semis d'œils de perdrix et guirlandes de feuilles de laurier sur fond bleu turquoise. Marque R.

Diam. de la soucoupe, 155 millim.

1.500

214 — **Sèvres**. Petite théière, décor polychrome composé de deux médaillons cerclés or renfermant des paysages animés sur fond rose jaspé bleu. Le bouton du couvercle est formé d'une fleur et feuillage en relief. Marquée de la lettre I.

Vente de Mme Lelong (no 664).

Haut., 100 millim.; long., 130 millim.

215 — **Sèvres**. Petit sucrier couvert, du même service que la théière précédente.

Haut., 87 millim.; diam., 71 millim.

Vente de Mme Lelong (no 664).

216 — **Sèvres**. Grand pot de toilette cylindrique couvert, décor polychrome et or de deux grands médaillons renfermant des paysages animés sur fond bleu clair, avec semis œil de perdrix. Le bouton du couvercle est formé d'une fleur. Décor de Vieillard. Marqué de la lettre L.

Jolie pièce.

Haut., 125 millim.; diam., 86 millim.

217 — **Sèvres**. Deux plateaux à six lobes, décor polychrome composé, au fond, d'un médaillon rond renfermant un bouquet de fleurs. Sur le marli, rinceaux de fleurs et feuillages et filets bleu et or. Décor de Vieillard.

Diam., 288 millim.

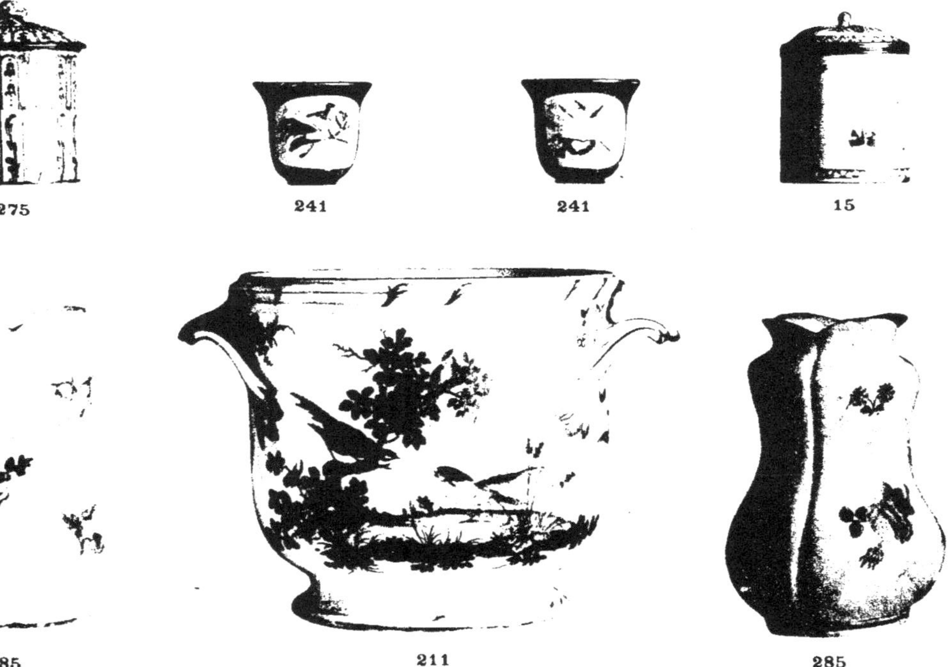
275
241
241
15
285
211
285

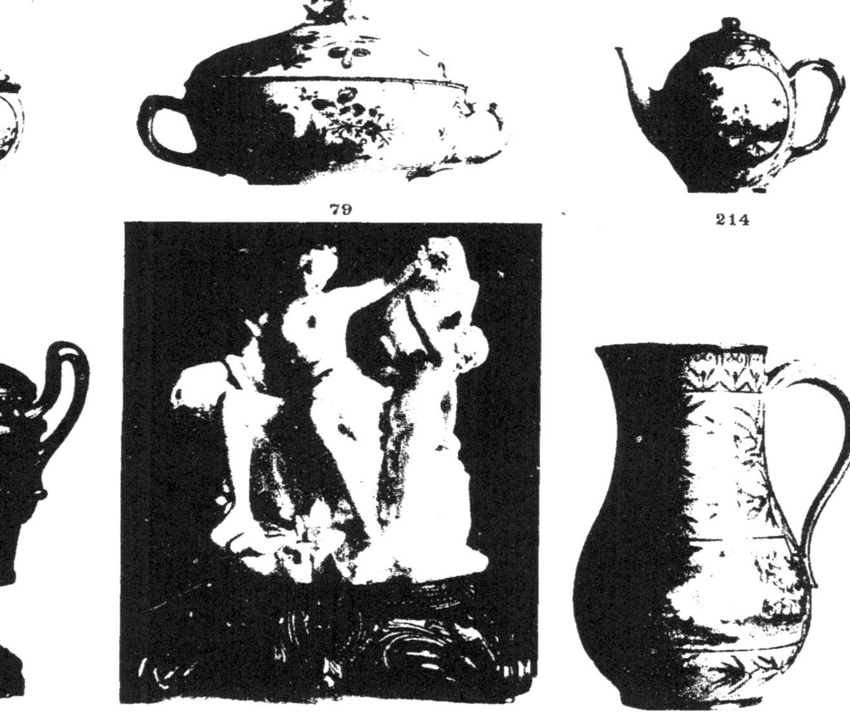

215 79 214

223 308 246

218 — **Sèvres**. Tasse mignonnette de forme droite et sa soucoupe, décor polychrome et or d'un semis de fleurs et ornements divers. Décor de Micaud.

219 — **Sèvres**. Tasse mignonnette et sa soucoupe, décor polychrome d'une corbeille de fleurs dans un médaillon et rinceaux sur fond jaune clair, filet or. Marque KK et Sc, marque du décorateur.

Diam. de la soucoupe, 78 millim.

220 — **Sèvres**. Tasse mignonnette et sa soucoupe, décor polychrome d'un médaillon cerclé de bleu renfermant un paysage, rinceaux de fleurs sur fond jaune clair. Décor de Pierre jeune. Marque KK et *Pj*.

Diam. de la soucoupe, 79 millim.

221 — **Sèvres**. Encrier formé d'un très petit vase ovale, décor or, œil de perdrix sur fond gros bleu : monture bronze doré.

Haut. totale, 140 millim.; larg., 110 millim.

222 — **Sèvres**. Deux plateaux à bords contournés, à filets or, décor polychrome composé d'un cartouche trilobé, renfermant deux oiseaux sur un arbuste dans un paysage entouré de six guirlandes de feuilles de chêne sur fond bleu turquoise. Marque X et N.

Diam., 215 millim.

223 — **Sèvres**. Vase brûle-parfums, de forme obconique, fond vert. Monture bronze doré, Louis XVI.

Haut. totale, 220 millim.

224 — **Sèvres**. Petit pot à crème sur trois petits pieds, décor polychrome et or de bouquets de roses dans des médaillons, sur fond œil de perdrix bleu.

Haut., 80 millim.

225 — **Sèvres**. Bol, décor de palmettes, quadrillés œil de perdrix et ornements divers, en or sur fond bleu de roi. Marque : Q. Décorateur B.

Haut., 68 millim.; diam., 104 millim.

226 — **Sèvres**. Écuelle couverte, à anses doubles et son plateau, décor de palmettes, quadrillés, œil de perdrix et ornements divers en or sur fond bleu de roi. Le couvercle est surmonté d'un branchage de feuillages et fruits. Décor de Barre. Marque O et B.

Diam. du plateau, 200 millim.
Diam. de l'écuelle, 135 millim.

227 — **Sèvres**. Tasse cylindrique et sa soucoupe, décor bleu et or de vases, rinceaux et ornements divers, sur fond jaune clair. Marque KK.

228 — **Sèvres**. Figurine de vendangeur sur socle rocailleux, avec tronc d'arbre, porcelaine blanche.

Haut., 145 millim.

229 — **Sèvres**. Pot à lait, à anse formée d'un branchage de fleurs; la panse à côtes est ornée de fleurs et feuillages en relief, porcelaine blanche.

Haut., 108 millim.

230 — **Sèvres**. Tasse de forme droite et sa soucoupe, décor polychrome et or composé de médaillons renfermant des sujets de chasse et ornements divers. Marque B B.

Vente du Comte d'Yanville (nº 248).

231 — **Sèvres ?**. Figurine de Chinois sur terrasse rocailleuse, biscuit.

Haut., 135 millim.

232 — **Sèvres**. Beurrier rond couvert, forme baquet et son plateau adhérent, décor œil de perdrix et bandes bleues avec pointillés or.

Diam. du plateau, 195 millim.

233 — **Sèvres.** Brûle-parfums rond couvert, entièrement décoré de petites fleurettes en relief simulant un nid d'abeilles, porcelaine blanche, monture cuivre.

Haut., 125 millim.; diam., 95 millim.

234 — **Sèvres.** Tasse cylindrique à anse sans soucoupe, décor polychrome et or de fleurs et ornements divers sur fond jaune; en bas et à la partie supérieure, deux bandes avec petits ornements en or sur fond bleu. Lettres KK *pb*.

235 — **Sèvres.** Tasse cylindrique à anse et sa soucoupe, décor polychrome de roses dans des médaillons formés de guirlandes de feuillages dorés. Marqué P. Décor de Perrotin.

236 — **Sèvres.** Tasse à café et sa soucoupe, décor polychrome de bouquets de fleurs et guirlandes dorées sur fond bleu turquoise. Décor de Taillandier. Marquée de la lettre D fleur de lis.

237 — **Sèvres.** Tasse à café de forme cylindrique et sa soucoupe, décor polychrome et or de trois réserves contenant des ornements reliés par des bandes composées de feuilles de laurier et rinceaux bleus sur fond jaune. Au centre, un bouquet de roses. Marque M M. Décor de Noel.

238 — **Sèvres.** Coquetier, décor polychrome de médaillons cerclés or, renfermant des roses sur fond bleu turquoise.

Haut., 44 millim.; diam., 48 millim.

239 — **Sèvres.** Coquetier, décor polychrome et or, de deux médaillons renfermant des oiseaux sur fond vert pomme. Marqué de la lettre L.

Haut., 43 millim.; diam., 48 millim.

240 — **Sèvres.** Beurrier rond couvert, forme baquet, et son plateau adhérent, décor polychrome et or de bouquets de fleurs.

Diam. du plateau, 210 millim.

241 — **Sèvres**. Deux petits pots à fard, décor polychrome d'un médaillon renfermant des instruments et cahiers de musique, sur fond rose et vert, avec caillouté or.

Haut., 53 millim.; diam., 60 millim.

242 — **Sèvres**. Plateau présentoir carré, à bord relevé, découpé à jours, avec tasse à anse et sa soucoupe, décor polychrome d'un semis de roses, feuillages et ornements divers, sur fond pointillé or. Marque au plateau de la lettre O, et, sur la tasse, la lettre P. Décor de Noel.

Dimensions du plateau, 150 millim. sur 150 millim.

243 — **Sèvres**. Groupe de deux personnages, sur terrasse rocailleuse, représentant un galant jardinier et une femme posant la main droite sur un vase de fleurs. Biscuit tendre. Marque L. B. en creux.

Haut., 205 millim.; larg., 160 millim.

244 — **Sèvres**. Deux petits pots à pommade cylindriques, couverts, décor polychrome de bouquets de fleurs. Monture cuivre doré.

Haut., 72 millim.; diam., 53 millim.

245 — **Sèvres**. Petite écuelle à anses doubles et son plateau également à anses doubles, décor bleu et or de paysages, dans le goût chinois, et petites guirlandes bleues. Marquée des lettres L. L. Décor de Vieillard.

Diamètre du plateau, 160 millim.
Diamètre de l'écuelle, 92 millim.

246 — **Sèvres**. Pot à eau sans couvercle, décor violet, composé de deux grands cartouches contenant des paysages animés; sur toute la surface de cette pièce, grands branchages et ornements divers, sur fond jaune clair. Marque *j. j.*

Haut., 205 millim.

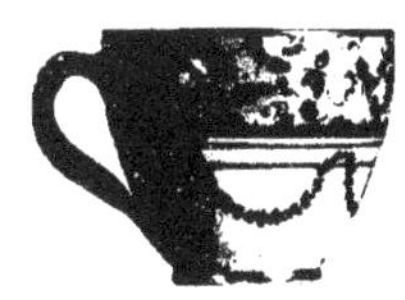

242

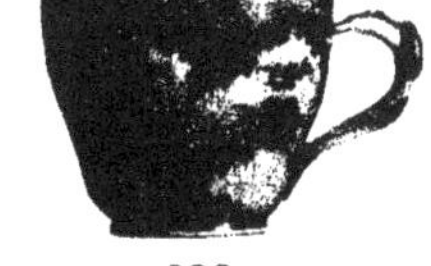

236

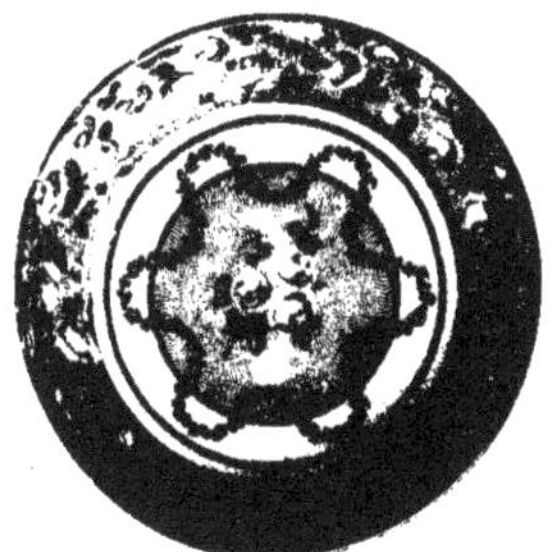

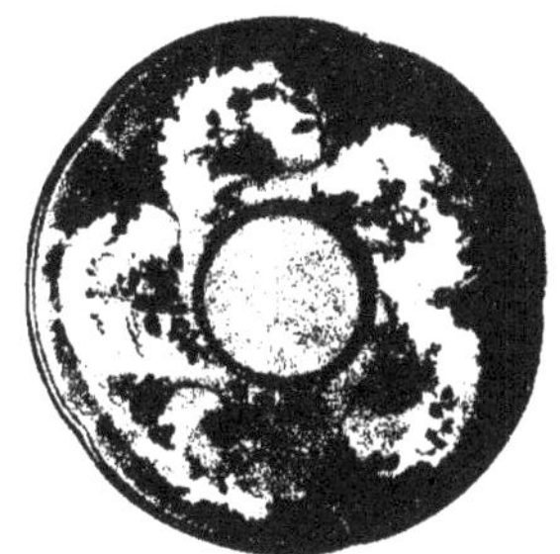

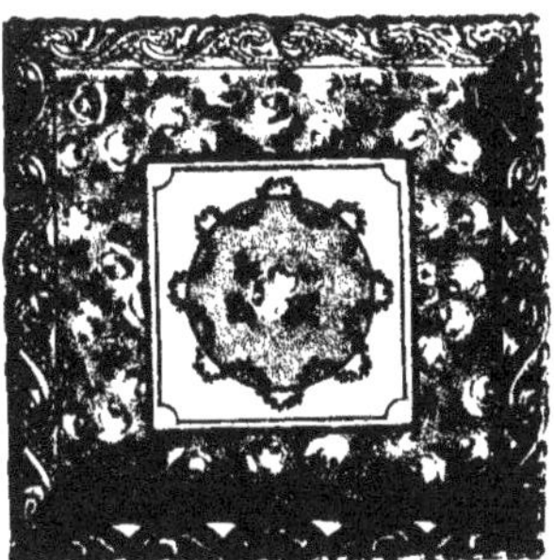

242

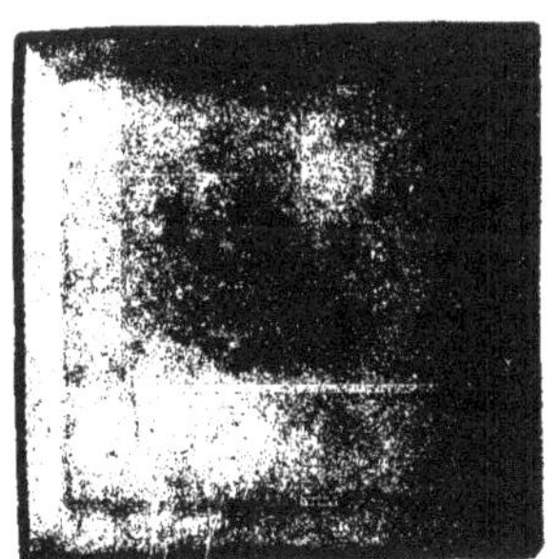

305

247 — **Sèvres**. Pot à crème sur trois pieds, décor polychrome et or d'un semis de petits bouquets de fleurs sur fond jaune; sur la face, grand médaillon renfermant un vase de fleurs sur fond bleu azuré.

Haut., 125 millim.

248 — **Sèvres**. Tasse à café, forme cul de poule, et soucoupe, décor polychrome et or de bouquets de fleurs et guirlandes dorées, sur fond bleu turquoise. Marque H.

249 — **Sèvres**. Seau rafraîchissoir sur quatre pieds, et anses, formées par des branchages en relief, avec couvercle ajouré, porcelaine blanche.

Haut., 255 millim.; diam., 265 millim.

250 — **Sèvres**. Théière couverte et soucoupe, décor polychrome et or de grands quadrillés vert clair, renfermant des fleurs couvrant toute la pièce. Décor de Barre. Marque D.

Diamètre de la soucoupe, 152 millim.
Hauteur de la théière, 125 millim.

251 — **Sèvres**. Tasse obconique à anse, décor polychrome et or composé d'un médaillon renfermant un paysage animé, cerclé or sur fond œil de perdrix. Marque P.

Haut., 90 millim.

252 — **Sèvres**. Tasse cylindrique et sa soucoupe, décor polychrome et or d'un semis de fleurs; à la partie supérieure, bande composée d'un rinceau de fleurs sur fond jaune. Marque I N Mee. Décor de Tandart.

253 — **Sèvres**. Deux tasses cylindriques sans soucoupes, décor polychrome composé d'une grande bande de roses, feuillages et ruban bleu, sur fond jaune clair. Marque RF IN. Décor de Tandart. 1780.

254 — **Sèvres**. Tasse à café, à anse, et sa soucoupe, décor polychrome et or composé d'une bande formée de bouquets de fleurs sur fond noir et de rayons et ornements divers sur fond jaune. Marque V. *d*. Décor de Vandé.

255 — **Sèvres**. Deux coquetiers, décor polychrome de guirlandes de fleurs et ornements divers. Marque Q.

Haut., [illegible] millim.; diam., 4[illegible] millim.

256 — **Sèvres**. Deux petites plaques ovales, décor polychrome de paysages animés, encadrement en cuivre doré. Marques des lettres K. et I.

Haut., 77 millim.; long., 63 millim.

257 — **Sèvres**. Compotier à bord découpé, décor polychrome et or d'un bouquet de fleurs, fruits et feuillages, sur fond vert pomme.

Diam., 207 millim.

258 — **Sèvres**. Petit cache-pot à anses formées par des coquilles, décor polychrome de fleurs et filets or; sur la face, les initiales I. V dans un médaillon. Marque B. B. Décor de Taillandier.

Haut., 117 millim.; diam., 120 millim.

259 — **Sèvres**. Figurine de jardinier, sur terrasse avec tronc d'arbre, biscuit tendre. Marque F. en creux.

Haut., 148 millim.

260 — **Sèvres ?** . Deux porte-menu, décor polychrome et or de médaillons renfermant des oiseaux et bouquets de fleurs sur fond gros bleu avec étoiles or.

Haut., 65 millim.; larg., 138 millim.

261 — **Sèvres**. Pied de vase, décor de rinceaux et ornements divers or sur fond gros bleu. Marqué de la lettre D.

Haut., 96 millim.; diam., 100 millim.

[illegible]

[illegible]

[illegible]

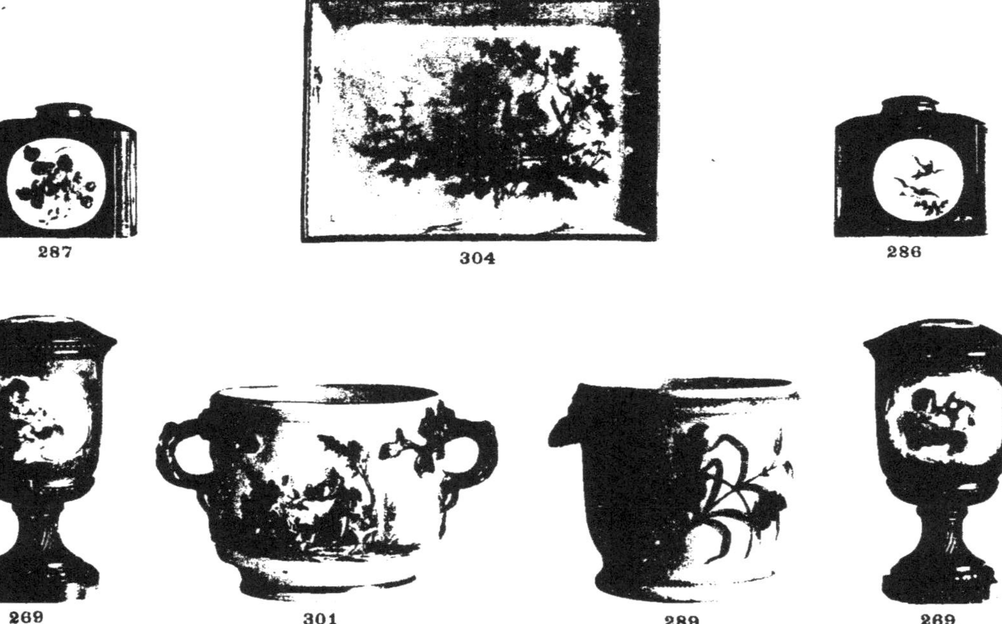
287
304
286
269
301
289
269

262 — **Sèvres**. Petit pot à crème sur trois pieds, décor lie de vin, vert et or d'œil de perdrix, guirlandes et ornements divers.

Haut., 83 millim.

263 — **Sèvres**. Petit bol, décor polychrome, composé d'une large bande de roses et œil de perdrix sur fond bleu azuré. A la partie intérieure, guirlandes de feuillages. Marqué de la lettre B.

Haut., 39 millim.; diam., 49 millim.

264 — **Sèvres**. Petit sucrier couvert, décor camaïeu rose d'oiseaux dans des paysages. Le bouton du couvercle est formé d'une fleur et feuillages. Décor d'Aloncle. Marqué de la lettre E.

Haut., 75 millim.; diam., 61 millim.

265 — **Sèvres**. Tasse à café et sa soucoupe, décor polychrome d'amour et oiseaux sur des nuages d'après Boucher. Marque F.

266 — **Sèvres**. Pot à pommade de forme cylindrique couvert, décor camaïeu rose d'oiseaux sur branchages dans les paysages. Le bouton du couvercle est formé d'une fleur et feuillages. Marqué de la lettre L.

267 — **Sèvres**. Petite tasse à café, forme cul de poule, décor camaïeu rose et or d'oiseaux sur branchages. Marqué de la lettre E. Décor d'Aloncle.

Diam. de la soucoupe, 94 millim.

268 — **Sèvres**. — Petit pot à pommade cylindrique couvert, décor camaïeu rose de branchages de fleurs et filets. Marqué de la lettre G. en bleu. Décor d'Evans.

Haut., 75 millim.; diam., 51 millim.

269 — **Sèvres**. Deux petits vases cylindriques couverts, décor polychrome et or de médaillons renfermant des amours d'après Boucher sur fond vert pomme; monture bronze doré.

Haut. totale, 146 millim.; diam., 74 millim.

270 — **Sèvres.** — Petit sucrier rond couvert, décor polychrome et or de coquilles, guirlandes, draperies et ornements divers. Le bouton du couvercle est formé d'une fleur.

Diam., 56 millim.; haut., 65 millim.

271 — **Sèvres.** Pot de toilette cylindrique, arrondi à la base, avec son couvercle, décor polychrome et or de médaillons renfermant des oiseaux dans des paysages sur fond vert pomme. Marqué des lettres G. N. Décor d'Aloncle.

Haut., 92 millim.; diam., 68 millim.

272 — **Sèvres.** Tasse cylindrique et sa soucoupe, décor rose, bleu et or d'animaux, oiseaux, guirlandes, rosace et ornements divers sur fond jaune clair.

273 — **Sèvres.** Rafraîchissoir de forme oblongue, à deux compartiments, décor polychrome et or; les anses sont formées de coquilles. A la partie supérieure, large bande de rinceaux de fleurs et feuillages sur fond jaune; au pourtour, semis de bouquets de fleurs. Marque R. F.

Haut., 125 millim.; long., 315 millim.
Larg., 145 millim.

274 — **Sèvres.** Tasse trembleuse et sa soucoupe, décor polychrome et or d'ornements réguliers rayonnants. Décor de Thévenet. Marque de la lettre M.

Diamètre de la soucoupe, 150 millim.

275 — **Sèvres.** Pot à pommade couver[illegible]or polychrome et or d'ornements réguliers rayonnants. Le[illegible]ton du couvercle est formé d'une fleur. Décor de Thévenet[illegible]arque de la lettre M.

Haut., 92 millim.; diam., 66 millim.

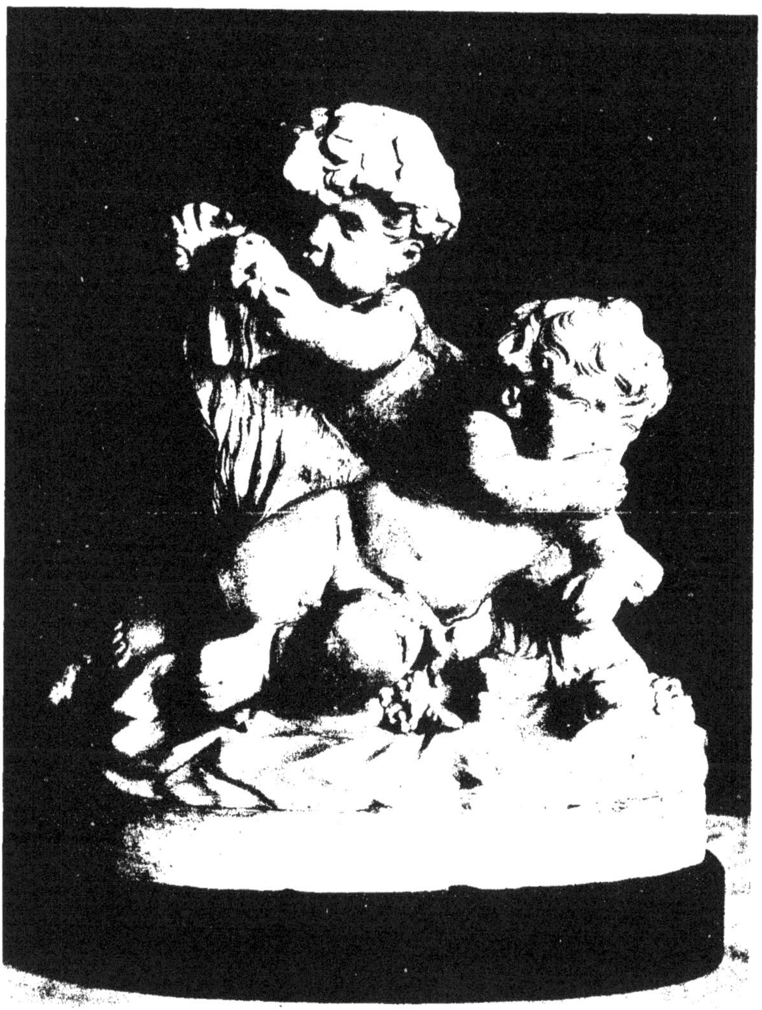

276

276 — **Sèvres**. Grand groupe en biscuit sur terrasse rocailleuse, avec fruits en relief, composé de deux enfants, dont l'un, étendu sur une chèvre, lui donne à manger une grappe de raisin ; l'autre, également étendu, mange aussi de ce fruit.

Haut., 260 millim.; larg., 227 millim.

ANCIENNES PORCELAINES TENDRES DE VINCENNES

277 — **Vincennes**. Bourdaloue, décor or d'oiseaux et ornements divers contenus dans deux grands cartouches sur fond bleu jaspé.

Haut., 120 millim.; long., 235 millim.

278 — **Vincennes**. Pot à crème sur trois pieds, décoré en camaïeu bleu clair d'un paysage dans un cartouche d'ornements dorés de fleurs et feuillages sur fond gros bleu marbré. Sur l'anse et les pieds, fleurs et feuillages en relief doré.

Haut., 120 millim.; larg., 125 millim.

279 — **Vincennes**. Vase brûle-parfums sur terrasse rocailleuse, avec tronc d'arbre, décor polychrome de grands branchages de fleurs en relief.

Haut., 140 millim.; larg., 165 millim.

280 — **Vincennes**. Plateau de fromagère, décor camaïeu bleu et or de bouquets de fleurs, oiseaux et ornements divers. Marque B.

Diam., 200 millim.

281 — **Vincennes**. Petit pot cylindrique, sans couvercle, décor polychrome, composé d'un sujet maritime avec personnages.

Haut., 58 millim.; diam., 64 millim.

282 — **Vincennes**. Petit vase cylindrique, sans couvercle, décor polychrome de paysages et marines.

Haut., 60 millim.; diam., 63 millim.

283 — **Vincennes**. Brule-parfums rond, couvert, entièrement décoré de petites fleurettes en relief simulant un nid d'abeilles, décoré en rose et jaune.

Haut., 108 millim.; diam., 95 millim.

284 — **Vincennes ou Sèvres**. Pot à eau, forme broc, décoré en camaïeu bleu, d'un sujet composé de deux amours et oiseaux, sur des nuages, d'après Boucher, et d'un semis de bouquets de fleurs.

Haut., 265 millim.

285 — **Vincennes**. Deux vases à oignons, de forme lobée, décor polychrome de bouquets de fleurs.

Haut., 167 millim.; diam., 115 millim.

286 — **Vincennes**. Petite boîte à thé couverte, de forme quadrangulaire à angles rentrants, décor polychrome de quatre médaillons renfermant des oiseaux, sur fond gros bleu caillouté or. Décor de Chevallier.

Haut., 75 millim.; larg., 73 millim.

287 — **Vincennes**. Petite boîte à thé couverte, de forme quadrangulaire à angles rentrants, décor polychrome et or de quatre médaillons renfermant des bouquets de fleurs, sur fond vert pomme, avec ornements divers.

Haut., 68 millim.; larg., 71 millim.

288 — **Vincennes**. Sucrier couvert en forme de grenade, sur pied, composé d'un branchage de feuilles et fruits, décor polychrome d'insectes.

Haut., 130 millim.; diam., 120 millim.

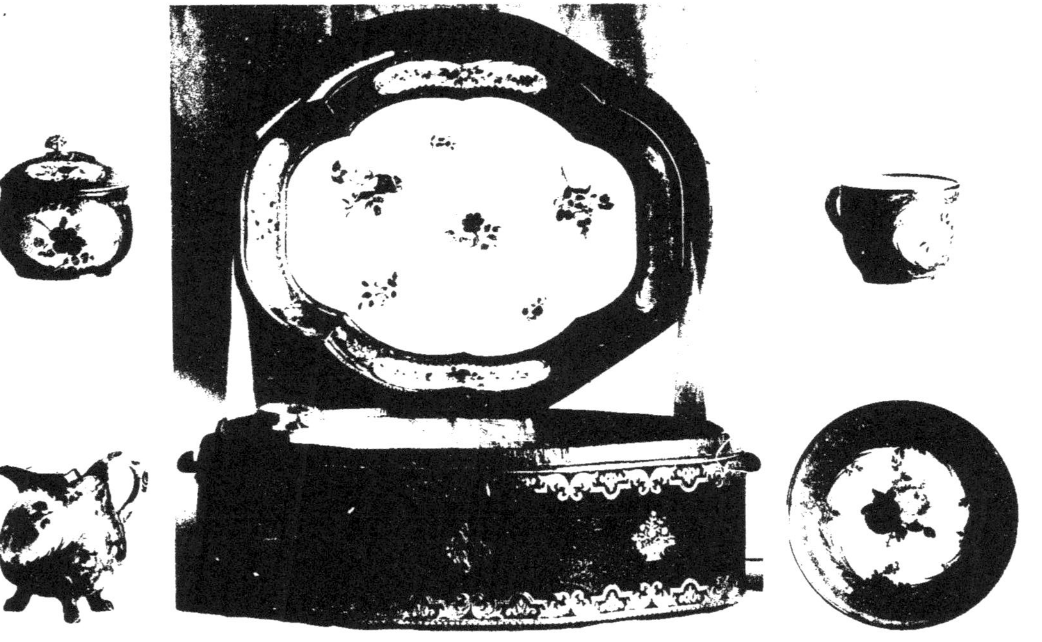

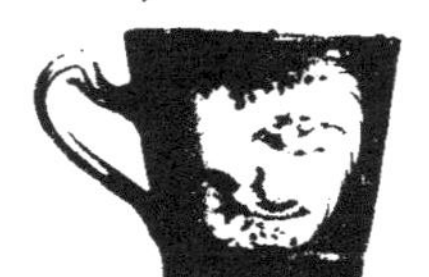

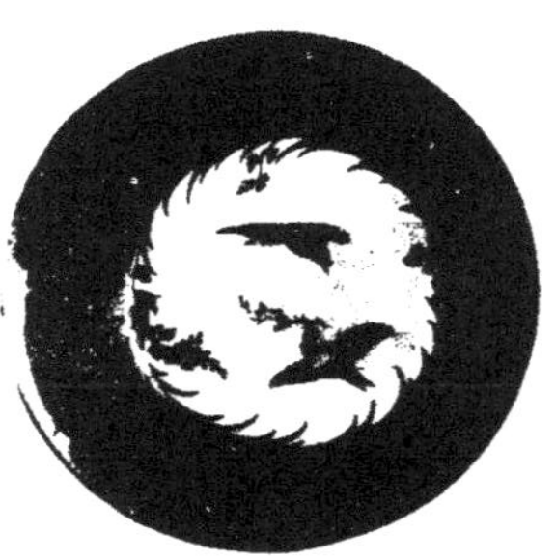

290

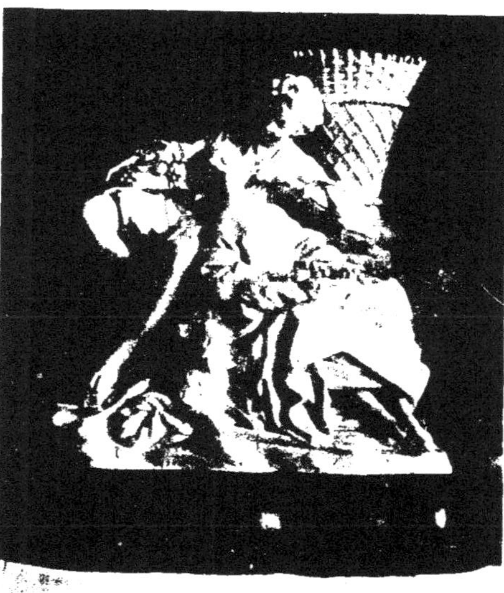

292

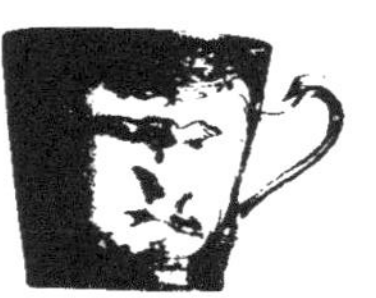

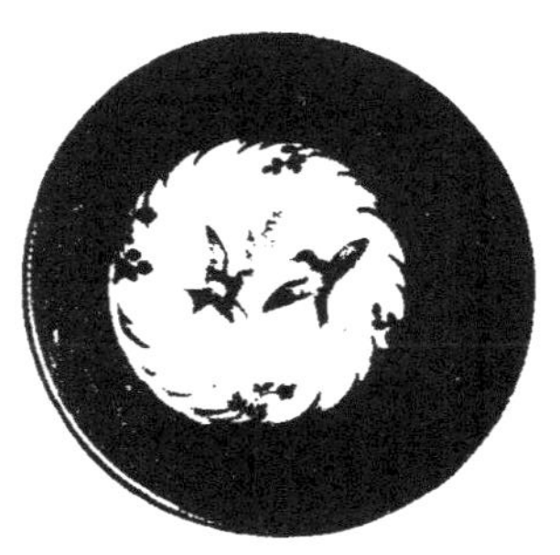

290

289 — **Vincennes.** Petit cache-pot à oreilles formées par des coquilles, décor polychrome de gros bouquets de fleurs, feuillages et papillons.

Haut., 110 millim.; diam., 120 millim.

290 — **Vincennes.** Grande tasse obconique à anse et sa soucoupe, décor polychrome et or d'oiseaux dans des réserves, sur fond gros bleu marbré. Écrin maroquin rouge aux petits fers. Marque A.

Diamètre de la soucoupe, 165 millim.

291 — **Vincennes.** Plateau ovale de forme contournée, sucrier, pot à lait sur trois petits pieds, tasse à café et sa soucoupe, décor polychrome et or de bouquets de fleurs sur fond gros bleu. Décor de Boucher. Marque de la lettre A.

Ce service est renfermé dans un joli écrin maroquin rouge aux petits fers. Très bel ensemble.

Long. du plateau, 285 millim.; larg., 230 millim.

292 — **Vincennes.** Grand groupe composé de deux personnages, représentant un jardinier assis sur un tertre, adossé à un vase en vannerie, faisant manger une grappe de raisin à sa compagne, appuyée sur lui; elle tient des fruits dans sa jupe relevée; à ses pieds se trouve un chien aux aguets.

Ce très joli groupe, d'une belle composition d'après Boucher, peut servir de porte-bouquet. Très rare et importante pièce, d'une pâte superbe.

Haut., 235 millim.; larg., 220 millim.

293 — **Vincennes.** Petit plateau carré, à bord relevé, décor camaïeu rose d'oiseaux et arbustes. Décor d'Yvernel.

105 millim. sur 105 millim.

294 — **Vincennes.** Assiette à bord contourné doré, décor camaïeu bleu; au fond, un enfant dans un paysage, d'après Boucher; le marli est décoré d'ornements en relief blanc et hachures bleues. Décor de Vieillard.

295 — **Vincennes**. Grand cache-pot, à anses formées par des coquilles, décor de filets et hachures or.

Haut., 168 millim.; diam., 185 millim.

296 — **Vincennes**. Grand pot à pommade, couvert, de forme cylindrique, décor polychrome d'attributs, d'ustensiles de jardinage dans un paysage avec arbustes et fleurs. Le bouton du couvercle est formé d'une fleur.

Haut., 90 millim.; diam., 66 millim.

297 — **Vincennes**. Deux petits pots à pommade couverts, cylindriques, décor semblable au numéro précédent.

Haut., 70 millim.; diam., 52 millim.

298 — **Vincennes**. Bol et plateau, décor or de cartouches contenant des oiseaux sur fond gros bleu marbré.

Diam. du plateau, 240 millim.
Diam. du bol, 164 millim.

299 — **Vincennes**. Petit brûle-parfums couvert, sur terrasse rocaille, décor polychrome de branchages de fleurs et feuillages en relief.

Haut., 130 millim.

Vente du Comte d'Yanville (n° 257)

300 — **Vincennes**. Deux vases à oignons, à bords lobés, décor polychrome de bouquets de fleurs.

Haut., 167 millim.; diam., 115 millim.

301 — **Vincennes**. Petit cache-pot, avec anses formées de branchages, de feuilles et fruits, décor polychrome de deux sujets de personnages dans des paysages d'après Lancret.

Haut., 105 millim.; diam., 120 millim.

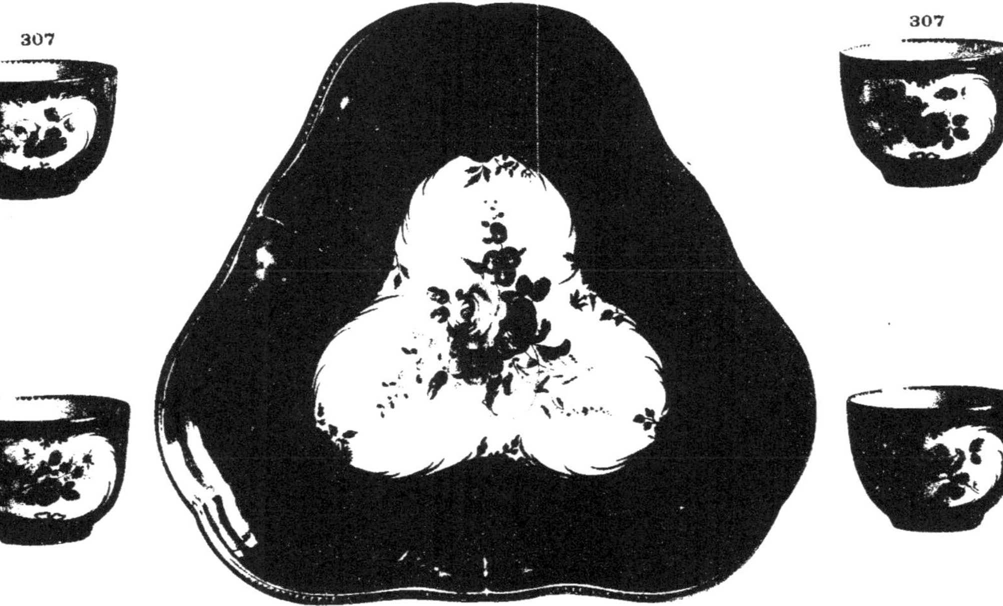

307

307

307

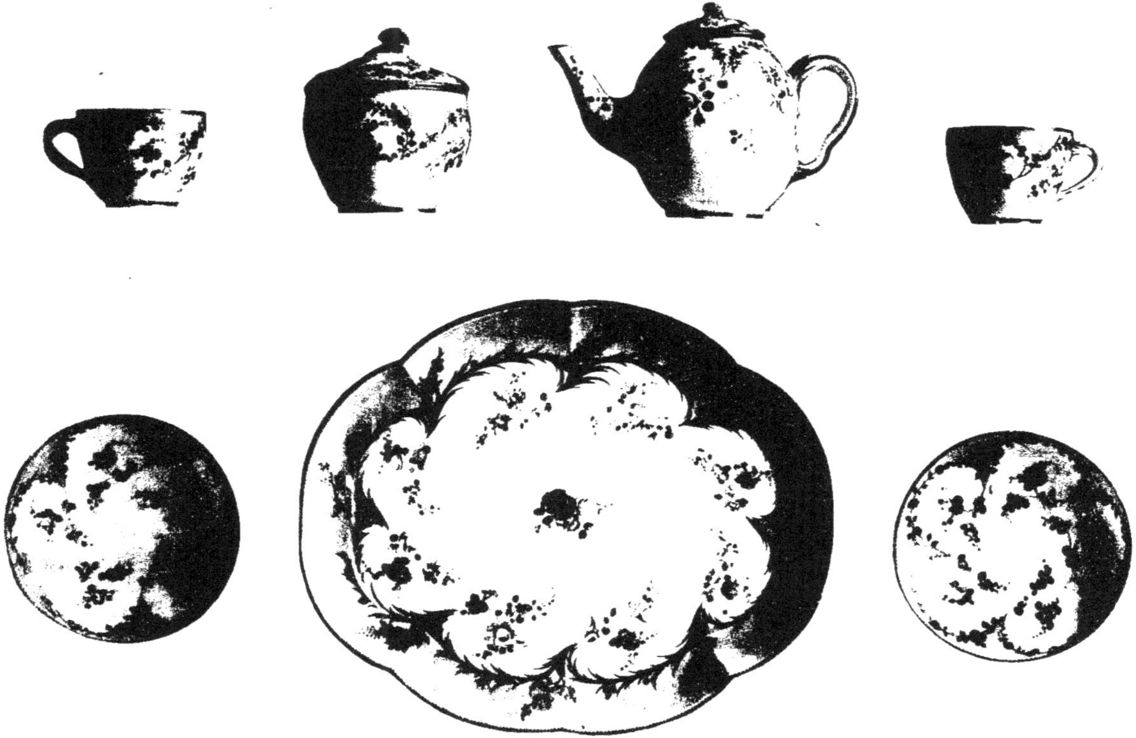

302 — **Vincennes.** Fromagère ronde avec anses, sur trois petits pieds formés de boules et son plateau, décor bleu et or de bouquets de fleurs et filets. Marque A.

Diam. du plateau, 240 millim.
Diam. de la fromagère, 130 millim.

303 — **Vincennes.** Pot à eau, avec pied à quatre lobes, porcelaine blanche.

Haut., 235 millim.

304 — **Vincennes.** Petit plateau rectangulaire à bord relevé sur quatre petits pieds, décor camaïeu rose d'oiseaux et arbustes dans un paysage. Marque E. Décor d'Aloncle.

Long., 178 millim., larg., 128 millim.; haut., 25 millim.

305 — **Vincennes.** Petit plateau carré, à bord relevé, doré, décor camaïeu bleu : au fond, petite fille assise près d'un panier et mangeant des fruits ; branchages fleuris et filets entourant le fond.

Long., 145 millim.; larg., 145 millim.

306 — **Vincennes.** Groupe porcelaine blanche, représentant Vénus assise sur une terrasse rocailleuse et couronnant l'Amour.

Haut., 190 millim.; larg., 170 millim.

307 — **Vincennes.** Plateau de forme triangulaire, à bord contourné, et six petits bois, décor polychrome de bouquets de fleurs et encadrement d'ornements de feuillages fleuris et or sur fond gros bleu. Marque B.

Larg., 200 millim.

308 — **Vincennes.** Tête-à-tête composé d'un plateau lobé, d'une théière, un sucrier et deux tasses avec leurs soucoupes, décor polychrome et or de bouquets de fleurs sur fond bleu turquoise. Marqué de la lettre A.

Long. du plateau, 290 millim.; larg., 240 millim.

Première vente de Mme Lelong nº 123.

309 — **Vincennes**. Deux petits tableaux, décor polychrome et or représentant chacun un paysage animé : jeunes femmes au puits et laveuses ; bordures émaillées bleu turquoise simulant des cadres. Marqués V. P. Décor par Pierre aîné. Encadrement en bois doré.

Haut., 155 millim.; larg., 190 millim.

Première vente de Mme Lelong (n° 154).

BOITES, ÉTUIS, POMMES DE CANNE
en anciennes Porcelaines tendres diverses

310 — **Alcora**. Boite ronde couverte, décor polychrome de quatre bouquets de fleurs dans des réserves sur fond rose, avec semis d'étoiles or.

Diam., 78 millim.; haut., 43 millim.

311 — **Arras**. Boite à jetons, de forme rectangulaire, avec couvercle bombé à charnière ; décor en bleu d'une couronne de fleurs et de pensées aux quatre coins. Chiffrée L. P.

Long., 84 millim.; larg., 60 millim.

312 — **Buen-Retiro**. Étui à aiguilles, décor polychrome de branchages de fruits et feuillages en relief. Monture argent.

Long., 120 millim.

313 — **Chantilly**. Pomme de canne, forme béquille, composée d'une tête d'homme barbu ; décor polychrome de personnages chinois, arbustes fleuris, etc.

Haut., 100 millim.; larg., 100 millim.

314 — **Chantilly**. Pomme de canne, béquille formée d'une tête d'homme avec turban jaune ; décor polychrome composé d'une rosace et de branchages fleuris.

Long., 115 millim.; haut., 68 millim.

309

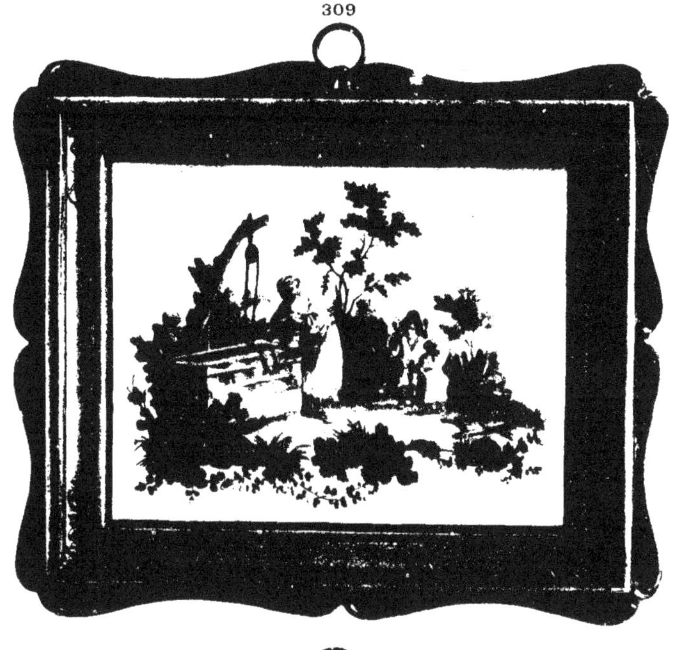

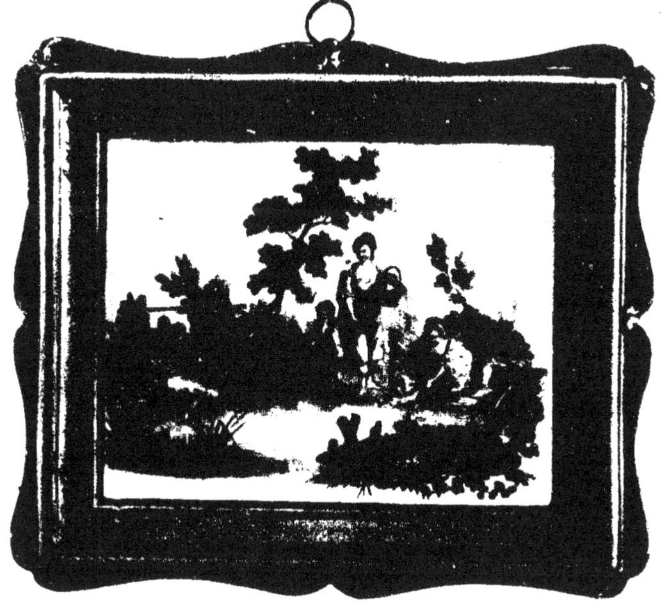

309

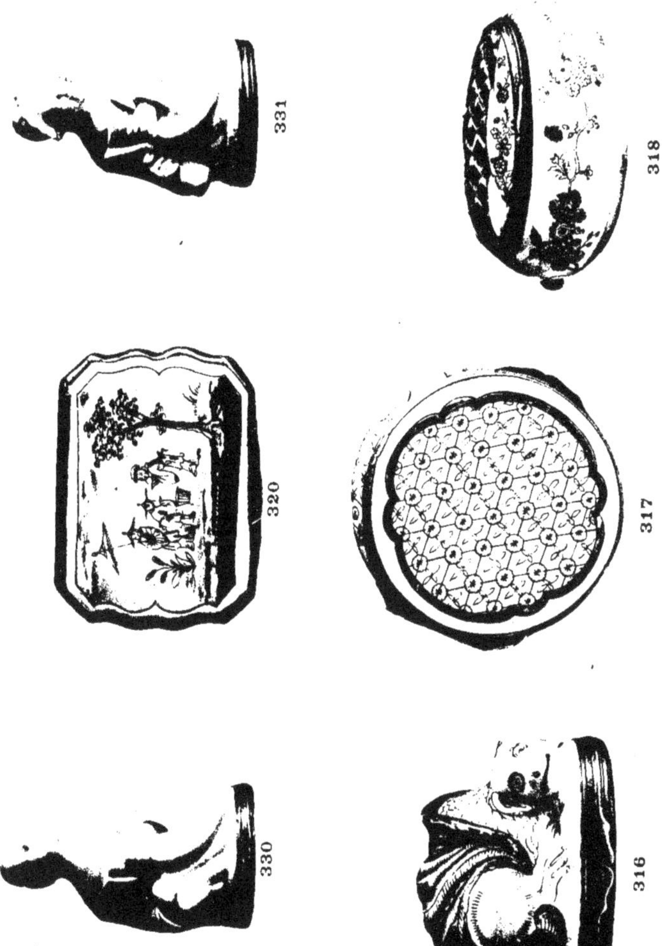

316 317 318

330 320 331

315 — **Chantilly**. Pomme de canne, béquille formée d'une tête de lion ; décor polychrome coréen.

Long., 135 millim.; haut., 65 millim.

316 — **Chantilly**. Bonbonnière ovale, formée d'un animal chimérique sortant d'une coquille de colimaçon, décor polychrome. Monture argent.

Long., 70 millim.; haut., 53 millim.

317 — **Chantilly**. Bonbonnière de forme ronde, décor polychrome composé, au pourtour, de cartouches quadrillés. Sur le couvercle, au revers et à l'intérieur, trois médaillons également quadrillés. Monture argent.

Diam., 75 millim.; haut., 43 millim.

318 — **Chantilly**. Bonbonnière ovale, formée d'une grenade, décor polychrome coréen de branchages de fleurs et feuillages. Monture argent.

Long., 55 millim.; haut., 42 millim.

319 — **Mennecy**. Tabatière ovale, formée d'un couple amoureux, décor polychrome. Sur le couvercle, branchage fleuri en relief.

Long., 56 millim.; haut., 60 millim.

320 — **Mennecy**. Tabatière rectangulaire, le couvercle à bords découpés ; décor polychrome composé d'une scène de trois personnages chinois dans un paysage sur fond bleu. Au pourtour de la boite, petits bouquets de fleurs. Au revers et à l'intérieur, même décoration que sur le couvercle.

Long., 78 millim.; haut., 35 millim.

Vente du Comte d'Yanville (n° 268).

321 — **Mennecy**. Tabatière de forme oblongue, porcelaine blanche, décor de vannerie en plein ; sur le couvercle, une marguerite. Monture argent.

Haut., 37 millim.; long., 71 millim.

322 — **Mennecy**. Tabatière ovale, formée, en ronde-bosse, d'un berger couché, décor polychrome de branchages fleuris et roseaux.

Haut., 63 millim.; long., 75 millim.

323 — **Mennecy**. Boîte simulant une grosse noix, formant nécessaire, garnie d'ustensiles en or, décor polychrome de bouquets de fleurs. Monture en or.

324 — **Mennecy**. Bonbonnière formée d'un coquillage, porcelaine blanche, monture argent.

Haut., 14 millim.; larg., 72 millim.

325 — **Mennecy**. Bonbonnière de forme ovale, représentant un jeune abbé, en habit noir, étendu sur un tertre, décor polychrome dans le goût coréen. Monture argent.

Haut., 60 millim.; long., 73 millim.

326 — **Mennecy**. Boîte formée d'un soulier, décor polychrome composé d'un semis de branchages, fleurs et feuillages. Monture argent.

Haut., 54 millim.; long., 95 millim.

327 — **Mennecy**. Boîte de forme contournée, décor polychrome en relief d'ornements rocailles. Le pourtour est orné de petits branchages fleuris; à l'intérieur du couvercle, personnages chinois dans un paysage, sur fond bleu. Monture argent.

Haut., 48 millim., long., 86 millim.

328 — **Mennecy**. Bonbonnière ovale, formée d'un garde-française dormant sur un tertre, décor polychrome. Le couvercle manque.

Haut., 43 millim.; long., 80 millim.

329 — **Mennecy**. Petite boîte ovale, formée par un lapin, décor au naturel; sur le couvercle, branchage fleuri en relief.

Haut., 30 millim.; long., 70 millim.

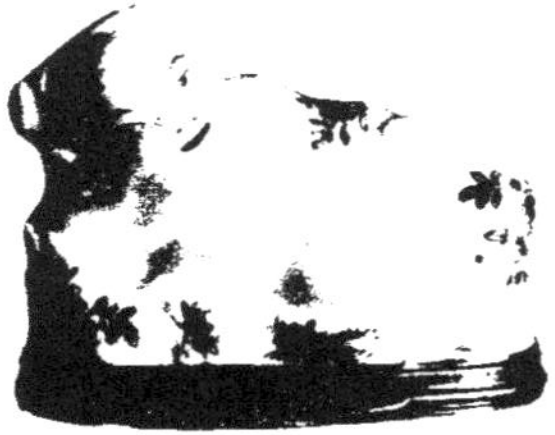

338

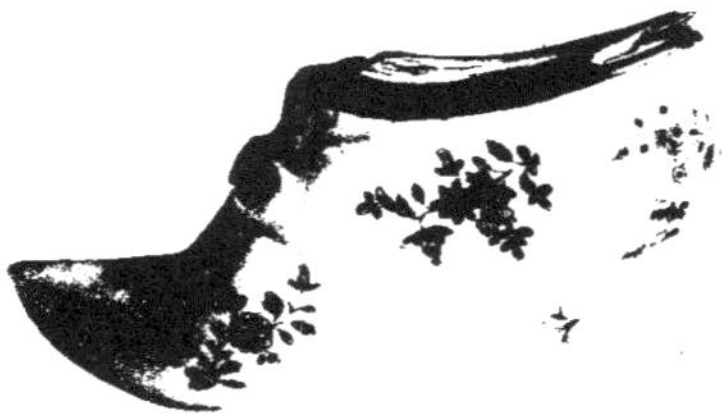

326

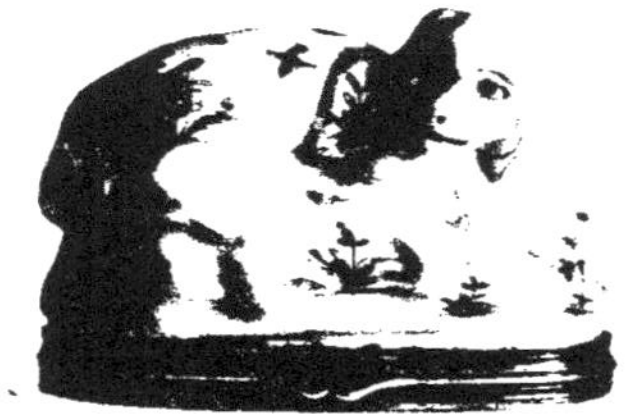

337

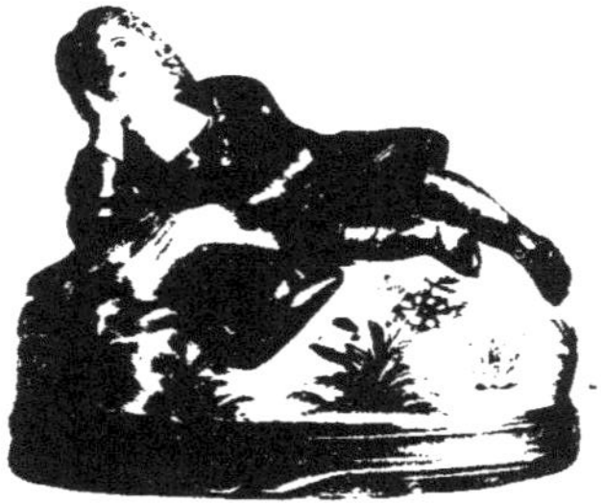

325

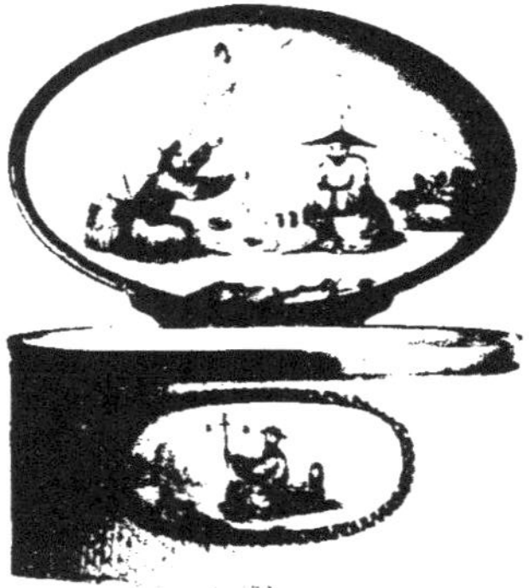

341

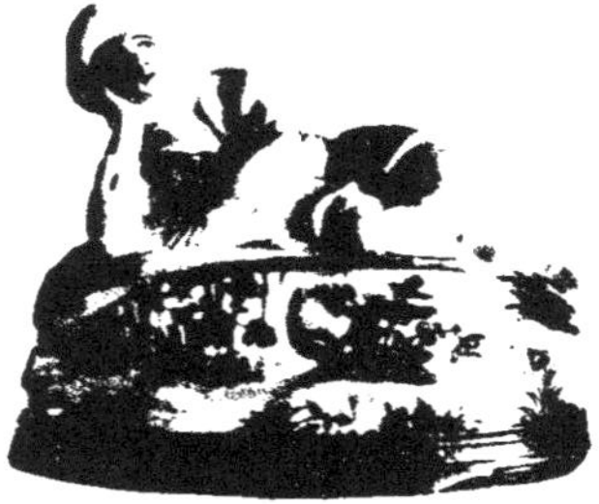

322

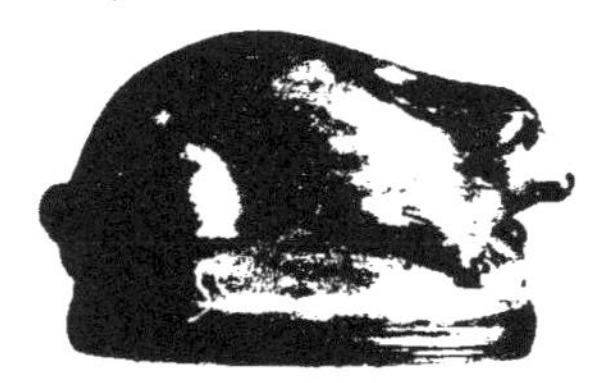
329

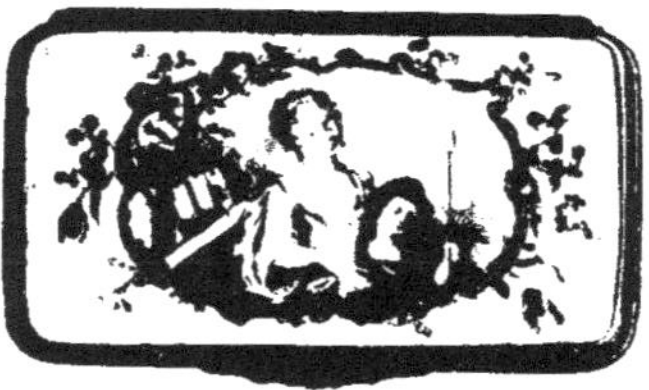
343

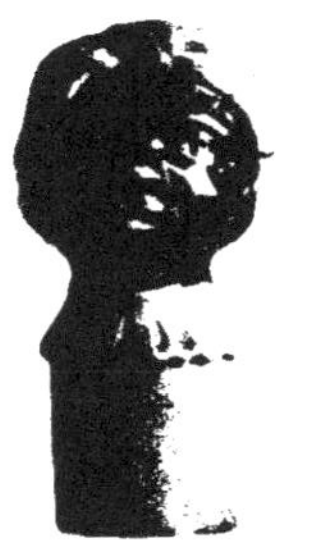
334

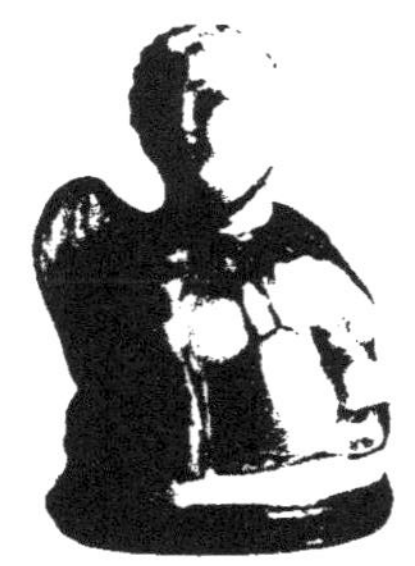
340

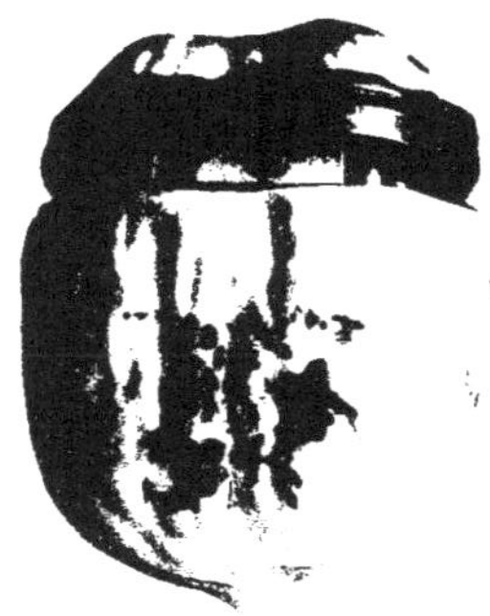
323

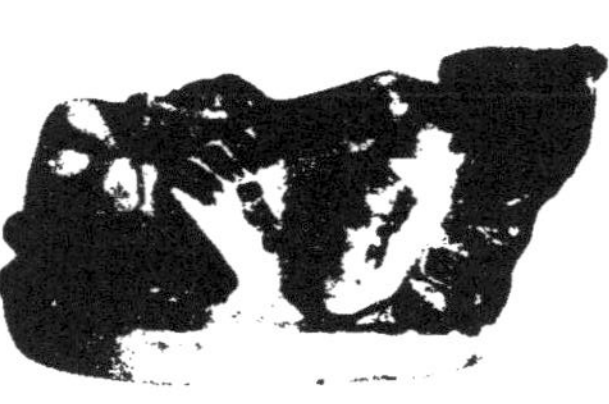
328

330 — **Mennecy**. Tabatière formée d'une femme décolletée et tête nue, porcelaine blanche. Ornements en relief sur le couvercle. Monture argent.

Haut., 72 millim.

331 — **Mennecy**. Tabatière, formée d'une femme décolletée tenant une carafe. Porcelaine blanche, ornements en relief sur le couvercle. Monture argent.

Haut., 70 millim.

332 — **Mennecy**. Tabatière formée d'un buffle en ronde bosse, porcelaine blanche décorée de marguerites et pointillés or.

Haut., 35 millim.; long., 75 millim.

333 — **Mennecy**. Tabatière formée d'un lion en ronde bosse, porcelaine blanche, décorée en relief de fleurs et ornements. Monture argent.

Haut., 36 millim.; long., 57 millim.

334 — **Mennecy**. Pomme de canne formée d'une tete de negre à collerette bleue, coiffé d'un turban à rayures roses et bleues.

Haut., 66 millim.

335 — **Mennecy**. Petite bonbonniere formée d'un magot chinois assis, décor polychrome d'un semis de bouquets de fleurs. Monture argent.

Haut., 51 millim.; larg., 42 millim.

336 — **Mennecy**. Écuelle ronde minuscule, couverte, décor polychrome d'arbustes, fleurs et ornements divers dans le goût chinois. Monture argent.

Haut., 22 millim.; diam., 34 millim.

337 — **Mennecy**. Bonbonniere de forme oblongue, formée d'un chien couché, décor polychrome de personnages chinois, branchages fleuris et oiseaux. Monture argent.

Haut., 55 millim.; long., 77 millim.

338 — **Mennecy**. Tabatière formée d'un poussah couché, décor polychrome de bouquets de fleurs. Monture argent.

Haut., [illegible] millim.; long., 70 millim.

339 — **Mennecy**. Très petite boîte en forme de saucière, porcelaine blanche, décorée de fruits et feuillages en relief. Monture argent.

Haut., [illegible] millim.; long., 60 millim.

340 — **Mennecy**. Bonbonnière formée d'un amour en ronde bosse, ayant une robe jaune, coiffé d'un bonnet, décor violet, rouge et jaune.

Haut., 64 millim.

341 — **Mennecy**. Boîte oblongue, décor polychrome de quatre réserves cerclées or, contenant des scènes chinoises sur fond rose; à l'intérieur du couvercle, se trouve également une scène chinoise.

Très rare.

Haut., [illegible] millim.; long., [illegible] millim.

342 — **Mennecy**. Soulier, décor polychrome en relief de bouquets de fleurs.

Haut., [illegible] millim.; long., [illegible] millim.

343 — **Mennecy**. Tabatière rectangulaire à coins arrondis, décor polychrome de bouquets de fleurs; sur le couvercle, un cartouche renfermant le portrait d'une dame et de son enfant tenant un moulin à vent, sur un fond vannerie.

Jolie pièce.

Haut., [illegible] millim.; long., [illegible] millim.

344 — **Mennecy**. Boîte formée par un bélier se grattant; porcelaine blanche.

Haut., [illegible] millim.; long., [illegible] millim.

345 — **Mennecy**. Boîte ronde sans couvercle, formée d'un enfant portant un animal, sur terrasse rocailleuse; porcelaine blanche.

Haut., [illegible] millim.; diam., [illegible] millim.

353

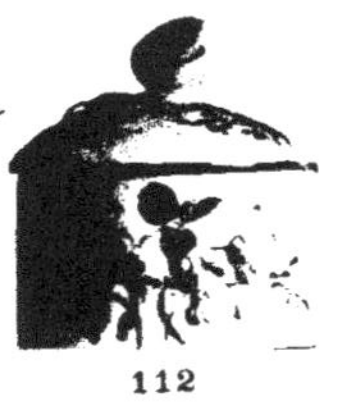

112

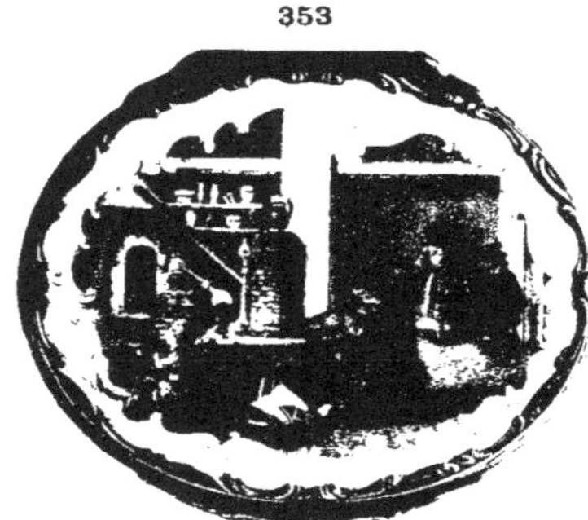

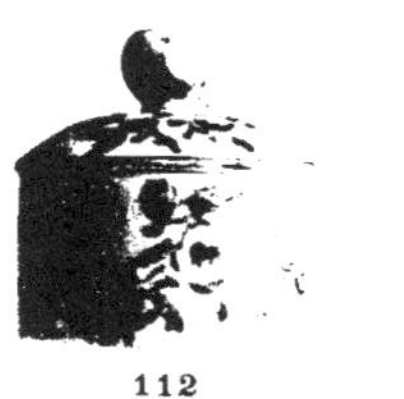

112

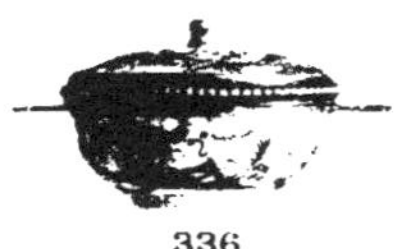

336

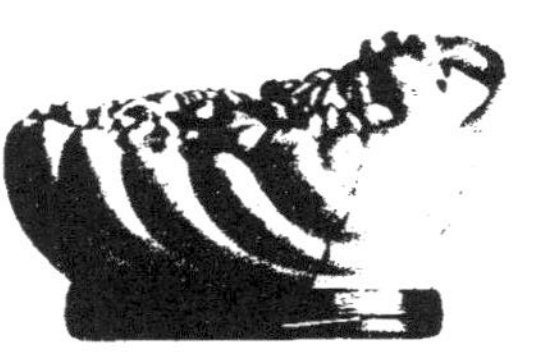

339

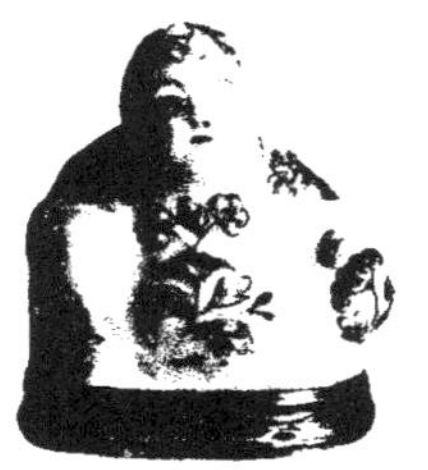

335

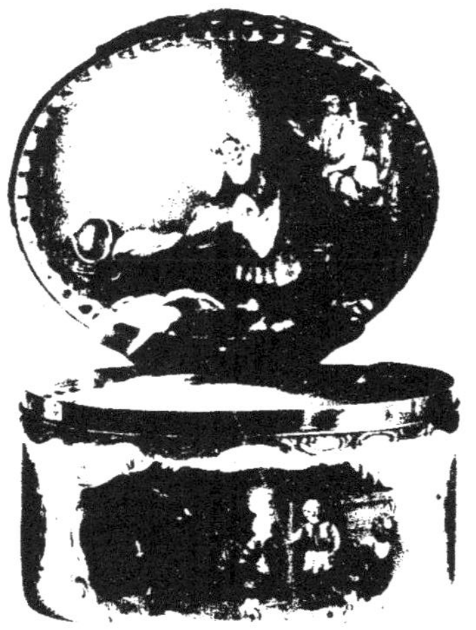

353

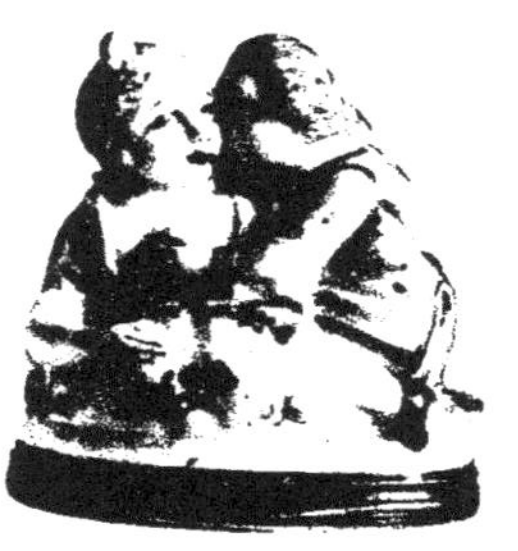

319

346 — **Mennecy**. Bonbonnière de forme ronde, décor blanc en relief de fleurs de pêcher et pointillés or.

Haut., 38 millim.; diam., 62 millim.

347 — **Mennecy**. Tabatière à huit pans, porcelaine blanche, décorée en relief de fleurs, feuillages et oiseaux; sur le pourtour, on lit la devise : *On ne m'a pas sans peine*. Monture argent.

Haut., 34 millim.; long., 63 millim.

348 — **Saint-Cloud**. Pomme de canne côtelée, décor bleu d'un lambrequin dans le goût rouennais.

Haut., 52 millim.

349 — **Saint-Cloud**. Pomme de canne de forme ronde, décor bleu; sur le pommeau, un dauphin, et au pourtour, lambrequin dans le goût rouennais.

Haut., 53 millim.

350 — **Saint-Cloud**. Deux très petites pommes de canne, décor bleu; sur chaque pommeau, une cigogne et petit lambrequin au pourtour.

Haut., 30 millim.

351 — **Saint-Cloud**. Petite bonbonnière ronde, décorée d'ornements, d'applications de lamelles d'or ciselé et découpées, enrichies d'émaux translucides verts. Monture à charnière en argent. Très jolie pièce.

Diam., 55 millim.; haut., 30 millim.

352 — **Saint-Cloud**. Très petite pomme de canne, décor camaïeu bleu dans le goût rouennais.

Haut., 22 millim.

353 — **Sèvres**. Bonbonnière forme ovale, décor polychrome de sept médaillons représentant des scènes flamandes dans la manière de Téniers, avec encadrements d'ornements rocailles camaïeu rose. Monture or ciselé. Pièce jolie et très rare.

Long., 80 millim.; larg., 65 millim.; haut., 45 millim.

354. — **Tournai**. Étui à aiguilles de forme cylindrique, décor bleu de guirlandes de fleurs et pendentifs reliés par des nœuds.

Long., 115 millim.

355. — **Tournai**. Petite boîte ronde et plate, décor bleu de guirlandes et couronne de fleurs avec les lettres A. C. T. entrelacées.

Diam., 63 millim.; haut., 24 millim.

356. — **Tournai**. Boîte de forme oblongue, décor polychrome de quatre sujets de paysages animés ; à l'intérieur du couvercle, Vénus et l'Amour. Monture argent.

Long., 98 millim.; haut., 42 millim.

ANCIENNES PORCELAINES FRANÇAISES diverses.

357. — **Bourg la-Reine**. Cache-pot obconique, à anses formées par des têtes de dauphin, décor polychrome de guirlandes de fleurs et pendentifs suspendus par des nœuds. A la partie supérieure, torsade de lauriers, cercle avec trois petites boules en cuivre doré. Marque B. R. en creux.

Haut., 120 millim.; grand diam., 130 millim.

Vente Albert Gérard.

358. — **Paris**. Cuvette oblongue, forme contournée, porcelaine dure, décor polychrome et or composé d'un grand médaillon sujet marine, ornements et attributs divers.

Long., 320 millim.; larg., 195 millim.

359. — **Paris**. Poussah assis, ayant à ses pieds une mappemonde porcelaine blanche. Marque de Jacob Petit en bleu.

[illegible]

Hausa?

81 132 175 357

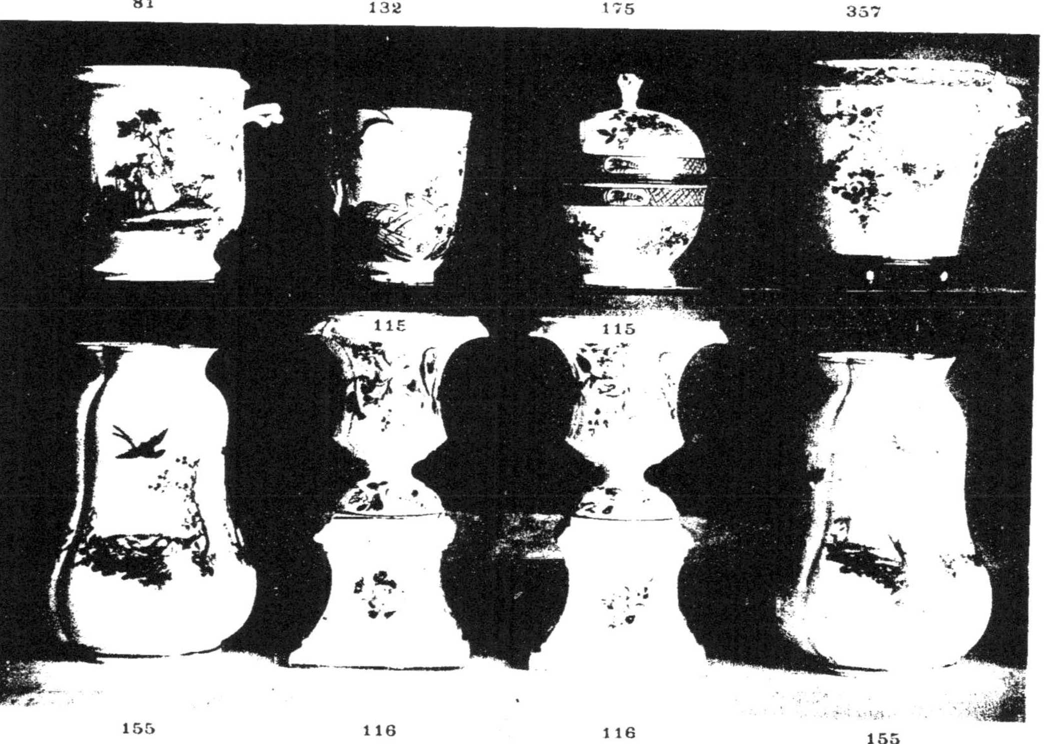

155 116 116 155

360 — **Paris**. Pot à pommade, décor barbeau, cercle mouluré argent.

361 — **Indéterminée**. Cachepot à oreilles formées par des coquilles, décor polychrome de bouquets de fleurs. A la partie supérieure, monture argent doré. Cette pièce est marquée d'un petit B en rose.

Diam., 105 millim.; haut., 120 millim.

362 — **Orléans**. Soucoupe, décor bleu à l'épi. Marque du lambel.

Diam., 125 millim.

363 — **Orléans**. Cafetière porcelaine tendre, décor bleu d'un semis de branchages fleuris dans la manière des porcelaines de Chantilly.

Haut., 150 millim.

(*Vente du Comte d'Yanville* n° 218).

ANCIENNES PORCELAINES ÉTRANGÈRES de diverses fabriques.

364 — **Angleterre**. Cachepot à anses cordées, décor polychrome composé de grandes guirlandes et pendentifs de fleurs et feuillages en haut relief. Entre ces guirlandes, bouquets de fleurs.

[illegible]

365 — **Angleterre**. Deux figurines : garçon appuyé sur un panier et fillette tenant un chien ; décor polychrome, sur socles ronds.

Haut., [illegible] millim.

366 — **Angleterre**. Tête d'homme à perruque, en ronde bosse, porcelaine blanche.

Haut., 120 millim.

367 — **Buen Retiro**. Grand socle de forme quadrangulaire, composé de deux pièces superposées, décor polychrome de quatre médaillons renfermant des sujets champêtres. Branchages de fleurs et fruits en relief. Marque en creux.

Haut., 225 millim.; larg., 130 sur 120 millim.

368 — **Buen Retiro**. Deux lions couchés, porcelaine blanche, socles bois doré.

Haut., 130 millim.; long., 320 millim.

369 — **Buen Retiro**. Lion assis, porcelaine blanche, socle bois doré.

Long., 180 millim.; haut., 160 millim.

370 — **Buen Retiro**. Statuette d'homme avec grand manteau blanc et rabat, tenant un chien et ayant à ses pieds un vase forme Médicis, décor polychrome de bouquets de fleurs.

Haut., 155 millim.

371 — **Buen Retiro**. Deux très petits vases ovoïdes cerclés, décor polychrome de bouquets de fleurs.

Haut., 55 millim.; diam., 48 millim.

372 — **Buen Retiro**. Vase sur terrasse rocailleuse, avec chien courant et lapin. Décor polychrome en relief de fleurs et branchages de vigne.

Haut., 210 millim.

373 — **Buen Retiro**. Petit vase godronné à anses verticales, décor polychrome de guirlandes fleuries.

Haut., 80 millim.

374 — **Buen Retiro**. Deux petits vases forme Médicis, à godrons violets et or, décor polychrome de guirlandes fleuries.

Haut., 100 millim.

375 — **Buen Retiro**. Deux loups assis, porcelaine blanche.

Haut., 210 millim.

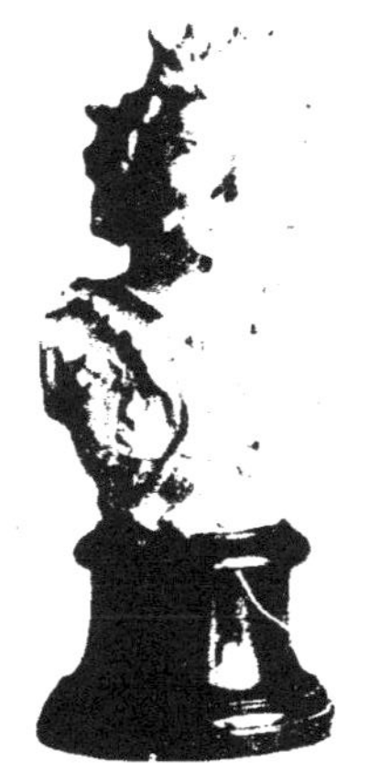

378

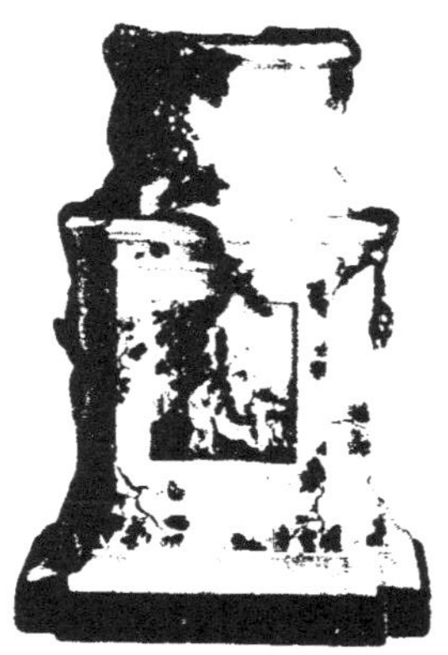

367

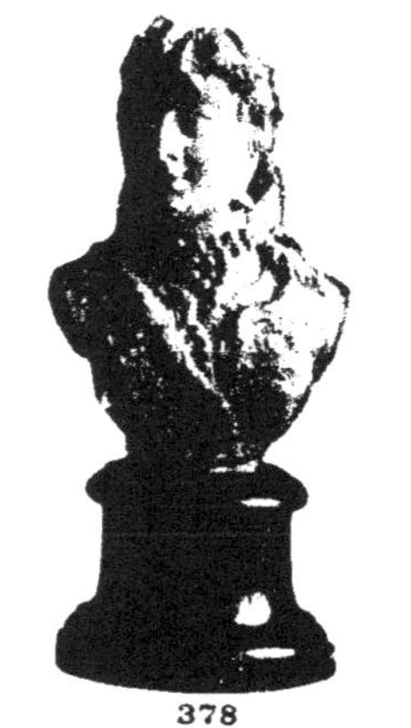

378

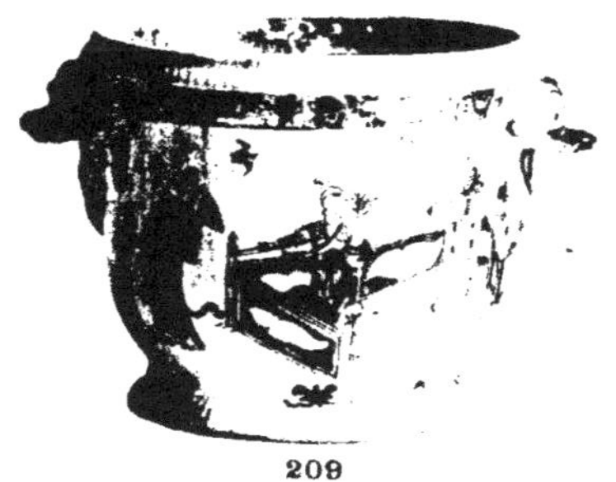

209

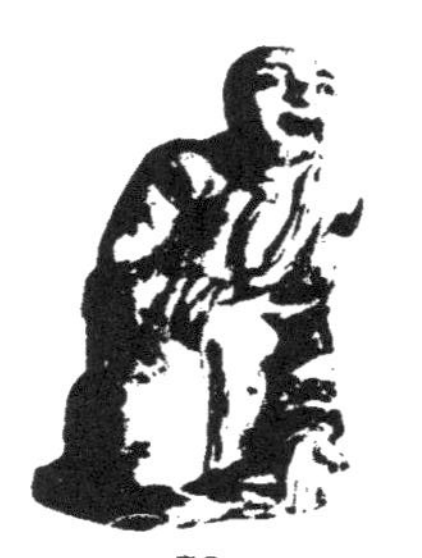

76

106

376 — **Buen Retiro**. Tasse à anse et son présentoir, décorés de petits ornements bleu et or. Marque de la fleur de lis or.

377 — **Buen Retiro**. Plateau creux rectangulaire, à bord découpé, décor polychrome composé de quatre paysages, guirlandes de fleurs et chiffre L. C. enlacés. Marque en bleu de la fleur de lis.

378 — **Buen Retiro ?** . Deux bustes porcelaine blanche, homme et femme asiatiques, costumes et ornements divers, rocailles en relief, sur socle bois noir.

Haut. des bustes, 190 millim. et 200 millim.

379 — **Buen Retiro**. Écuelle et son plateau de forme ronde, décor rouge et or, petits damiers et ornements rocaille. Marqué en bleu, fleur de lis.

Diam. du plateau, 185 millim.

380 — **Capo di Monte**. Deux figurines, personnages du Directoire, homme coiffé d'un tricorne et femme tenant une ombrelle, porcelaine blanche. Marque : N couronné.

Haut., 180 millim. et 160 millim.

381 — **Capo di Monte**. Figurine représentant un personnage de la Comédie italienne, décor polychrome.

Haut., 155 millim.

382 — **Capo di Monte**. Petit pot à crème en forme de buire, décor polychrome en relief de rinceaux et couronne de laurier.

Haut., 120 millim.

383 — **Italie**. Manche de couteau, décor blanc en relief d'ornements et branchages.

Long., 100 millim.

384 — **Italie**. Tasse forme bol et sa soucoupe, décor polychrome et or de guirlandes de fleurs dans le goût de Saxe. Marque N.

385 — **Italie**. Deux petits bustes : homme et femme, décor polychrome sur socles carrés, porcelaine blanche avec ornements en relief.

Hauteur totale, 130 millim.

386 — **Nymphenbourg**. Très petite tasse cylindrique à anse, sans soucoupe, décor polychrome d'oiseau et feuillages.

Haut., 29 millim.; diam., 29 millim.

387 — **Tournai**. Groupe porcelaine blanche composé de quatre enfants pressant le raisin, chien et ustensiles divers sur terrasse.

Haut., 185 millim.; larg., 190 millim.

388 — **Tournai**. Ours debout muselé, appuyé sur une barrière, sur terrasse rocailleuse, porcelaine blanche.

Haut., 185 millim.

389 — **Tournai**. Groupe de deux enfants sur terrasse rocailleuse, porcelaine blanche.

Haut., 160 millim.

390 — **Tournai**. Deux brûle-parfums en forme de ballots; personnages chinois formant couvercles, porcelaine blanche.

Haut., 165 millim.; larg., 140 millim.

391 — **Venise**. Théière et son couvercle, décor polychrome de grands branchages fleuris imitant la porcelaine chinoise.

Haut., 130 millim.

392 — **Vienne**. Socle de forme quadrangulaire, porcelaine blanche, décor rocailles en relief. Marqué en creux.

Haut., 75 millim.; larg. du plateau, 50 millim.

393 — Sous ce numéro, objets omis au catalogue.

www.ingramcontent.com/pod-product-compliance
Ingram Content Group UK Ltd.
Pitfield, Milton Keynes, MK11 3LW, UK
UKHW022106260726
13993UKWH00001B/344

9 782329 493961